# 治蜀兴川
# 法治建设七十年

中共四川省委全面依法治省委员会　编

# 《治蜀兴川法治建设七十年》


**主　编**

刘志诚

**副主编**

夏凤俭　　王　彬

**执行主编**

唐清利

**编　辑**

丁鸿瑜　　罗开兵　　雷德化　　梅礼龙　　刘元林

杨锦江　　严　军　　胡业勋　　屈直俊　　段立新

# 奋力抒写新时代法治四川建设新篇章

## （代序言）

国无常强，无常弱。奉法者强则国强，奉法者弱则国弱。以习近平同志为核心的党中央高举中国特色社会主义伟大旗帜，始终坚持党的领导、人民当家做主、依法治国有机统一，推出并深入实施全面依法治国战略，走出了一条适合中国国情、符合法治规律、具有中国特色又保持了社会主义本质属性的独特法治道路，开辟了“中国之治”新境界。

七十年来，在党的坚强领导下，四川省各族人民始终围绕“治蜀兴川”不断实践、积极探索，切实把治蜀兴川各项事业全面纳入法治化轨道，全省“办事依法、遇事找法、解决问题用法、化解矛盾靠法”的法治良序总体形成。

明镜所以照形，古事所以知今。习近平总书记指出：“今天，我们回顾历史，不是为了从成功中寻求慰藉，更不是为了躺在功劳簿上、为回避今天面临的困难和问题寻找借口，而是为了总结历史经验、把握历史规律，增强开拓前进的勇气和力量。”纵览数千年色彩斑斓的川蜀文明史，大禹治水铸鼎镇九州，李冰筑堰泽国变天府，诸葛治蜀佳话传千古,赵藩题联明道思治乱,先贤的安邦治国之智,却始终未能破解"天下未乱蜀先乱,天下已平蜀未平"的治蜀难题。新中国成立以来,我们找到了一条解决治蜀的新路,那就是坚持用法治思维和法治方式去解决治蜀兴川中的问题。

七十年前,从成都和平解放建立人民政权到彝区藏区打破奴隶农奴制枷锁一夜跨千年,党领导四川人民建立地方政权组织,以大无畏的英雄气概清匪反霸,消灭黄赌毒,镇压反革命,完成社会主义改造,建立和发展人民代表大会制度、政治协商制度和民族区域自治制度,四川实现了"由乱向治"的历史性转折。

四十年前,"向阳公社"敢为天下先推开了农村改革之窗,一大批在全国具有开创性的地方性法规规章、一大批在全国具有开创性的司法体制改革实践、一大批在全国具有开创性的政务体制改革举措、一大批在全国具有开创性的社会治理创新举措不断推出,实现了"蜀治川兴"的历史性跨越。

迈入新时代以来,四川再次以敢为天下先的勇气,率先成立了依法治省领导小组,出台《四川省依法治省纲要》,为全面依法治省奠定了良好的基础。2018年初,习近平总书记来川视察,以深邃的历史眼光、博大的政治胸襟、深沉的为民情怀,为"治蜀兴川"再上新台阶指明了前进方向。深入贯彻习近平新时代中国特色社会主义思想和习近平总书记对四川工作的系列重要指示,牢记总书记的嘱托,全面加强法治四川建设,党领导全面依法治省的体制机制更加完善,“一干多支、五区协同”“全域开放、四向拓展”法治保障更加坚实,人民群众的法治获得感、幸福感、安全感更加充实更有保障更可持续。

七十年风云激荡,七十年翻天覆地。在习近平总书记全面依法治国新理念新思想新战略指引下,四川正在绘就法安天府、德润人心、山河壮美、民生幸福的恢宏画卷。在新中国成立七十周年之际,编辑《治蜀兴川法治建设七十年》,系统梳理七十年来四川人民在党的坚强领导下探索“治蜀兴川”法治道路的光辉历程,全面展示四川跨越发展进程中的历史变革和法治成就,对于我们鉴往知来,更加坚定中国特色社会主义法治道路,全面推进依法治国,坚持依法治国、依法执政、依法行政共同推进,坚持法治国家、法治政府、法治社会一体建设,坚持把“治蜀兴川”各项事业全面纳入法治化轨道,把四川法治建设提升到一个新的更高水平,具有十分重要的史料借鉴意义。

刚刚闭幕的党的十九届四中全会审议通过了《中共中央关于坚持和完善中国特色社会主义制度、推进国家治理体系和治理能力现代化若干重大问题的决定》,全面擘画了新时代“中国之治”的宏伟蓝图。站在新的历史起点,我们要始终高举中国特色社会主义伟大旗帜,以习近平总书记全面依法治国新理念新思想新战略为指导,按照党的十九届四中全会描绘的中国特色社会主义制度图谱,坚持把法治作为“治蜀兴川”的基本方式,“自觉尊崇制度、严格执行制度、坚决维护制度”,让法律成为老百姓依靠,让法治成为“治蜀兴川”的基线;我们要紧密团结在以习近平同志为核心的党中央周围,“不忘初心、牢记使命”,团结和带领全川人民坚定信心、保持定力、开拓创新、砥砺前行,不断提升四川治理体系和治理能力现代化水平,奋力抒写新时代法治四川建设新篇章。

编写组

2019 年 11 月

# 目　录

# 第一部分　治蜀兴川的法治历程

**摘要**：七十年来，四川法治建设历程是整个四川经济社会繁荣发展的缩影。历经法制探索期、法制创建期、法治新阶段、法治新时代四个阶段。法制探索期，建立政权机关，开展剿匪、镇压反革命、土地改革等运动，打击国民党残余势力，巩固新生的人民政权，初步建立起审判、检察、监狱劳教、律师等制度；法制创建期，主要围绕改革开放，推动建立社会主义市场经济体制来开展，结合四川实际加强地方立法，推行行政执法体制改革、严格执法司法，启动普法五年规划，法制建设得到恢复发展；法治新阶段，主要围绕依法治省、优化四川社会经济发展法治环境、激发社会活力来开展，推动依法治国方略，建设社会主义法治国家落地落实，持续推进法治建设；法治新时代，坚持以习近平新时代中国特色社会主义思想和习近平全面依法治国新理念新思想新战略为指导，把治蜀兴川各项工作全面纳入法治轨道，推动四川法治建设提高到一个新水平，为四川高质量发展提供高质量的法治保障。

## 一、法制探索期（1949 年至 1978 年）

1949 年 12 月 27 日，解放军进驻成都。至 1950 年

3月，四川各地先后解放，结束了国民党在四川的统治。解放初期，百废待兴。这一时期的四川法制建设主要围绕巩固新生政权来开展，其中，法制建设既有发展也有踯躅，在不断探索与发展中，浸润着四川法制的土壤。

1949年12月，四川解放。依照《中国人民政治协商会议共同纲领》规定，中国人民解放军接管了四川各级司法机关。图为解放军第十八兵团高举毛泽东和朱德画像，开进成都。

### （一）建立新的司法机构

四川解放后，中国人民解放军接管了国民党时期的旧法院、旧警察、旧监狱，迅速组建了人民法院、公安机关、检察署、司法行政机关，并在西南军政委员会领导下开展工作，履行各自职能。一是人民法院相继建立。1950年9月，川东、川南、川西、川北行政公署人民法院先后成立，1952年10月四川省人民法院成立，樊建德任院长，1955年1月更名为四川省高级人民法院，赵艿任院长。二是检察机关相继建立。1950年10月至1951年6月，川东、川南、川西、川北四个行政区人民检察署先后成立，川东公安厅厅长荀兴才、川南公安厅厅长秦传厚、川西公安厅厅长谷志标、川北公安厅厅长董弼忱分别兼任四个检察署检察长。三是公安机关相继建立。1950年6月至10月，川西、川北、川东、川南行政公署公安厅先后成立，谷志标任川西公安厅厅长、董弼忱任川北公安厅厅长、苟兴才任川东公安厅厅长、秦传厚任川南公安厅厅长。1952 年 11 月 10 日，成立四川省人民政府公安厅，谷志标任厅长。四是司法行政机关相继建立。1950 年 7 月西南军政委员会司法部在重庆建立，管辖云南省、贵州省、西康省（于 1955 年 10 月 1 日并入四川省）和川东、川南、川西、川北四个行政公署以及重庆市的司法行政，开启四川司法行政工作新纪元。1952 年 9 月撤销川东、川南、川西、川北四个行政区，恢复四川省建制后，由四川省高级人民法院管理全省司法行政。1955 年 5 月四川省司法厅正式成立，罗志敏任厅长。1959 年 8—9 月，四川省司法厅和各地司法局（科）相继撤销，所管工作移交人民法院。

1951 年 5 月，川南人民法院成立一周年纪念。

新的司法机构建立，在巩固新生人民政权斗争中发挥了重要作用。1950 年 7 月，西南军政委员会颁布《关于禁绝鸦片烟毒的实施办法》，四川开展禁烟禁毒行动，至 1952

年破获案件12,888起,查获鸦片3000余万两,查封烟馆3万余家,1953年基本肃清危害川康地区人民一百多年的鸦片毒害。

### (二)建立新的司法制度

解放初期,四川根据《中国人民政治协商会议共同纲领》和中共中央指示精神,建立法院、检察机关、公安、司法行政机关组织体系,积极投入土改、"镇反""三反""五反"等运动,坚决打击破坏革命、破坏生产、破坏抗美援朝、扰乱社会治安的反革命和刑事犯罪分子,抓重点,办大案,检控审理反革命案件和其他严重危害社会的刑事案件,处决了一批血债累累、罪大恶极、民愤很大的反革命罪犯,沉重地打击了反革命残余势力,为四川经济顺利恢复作出了重要贡献。积极探索建立侦查、审判、检察、人民调解、律师、法制宣传、劳改劳教等制度。

一是建立侦查破案制度。四川解放初期,各级人民公安机关按照中共中央和中共西南局指示及第一次全国公安会议部署,在配合人民解放军开展剿匪的同时,对国民党特务机关和军政警宪反动党团组织全面接管清查,开展侦查破案行动,同时发出布告,通令反动党团骨干和特务分子限时登记,停止活动。①

---

① 四川省地方志编纂委员会:《四川省志·公安司法志》,四川人民出版社1996年版。

1950 年，川东匪首黄云卿等人被中国人民解放军剿匪部队捕获。

二是建立审判制度。1950 年 2 月，西南军政委员会接管了原国民党政府在四川设置的各级司法机关，相继建立了各级人民法院，开始接办刑事案件。根据《中国人民政治协商会议共同纲领》有关规定，宣布原国民党政府颁布的刑事法律、法令及刑事政策和司法制度全部废止。各级人民法院主要依据中央人民政府指示、有关刑事政策和中央司法会议精神审判刑事案件。

三是建立检察制度。根据中共中央指示和全国检察工作会议精神，四川检察机关与公安、法院一道投入"镇反""三反""五反"等运动，切实根据《宪法》和《人民检察院组织法》规定，履行审查批捕、审查起诉、出庭支持公诉，对侦查活动、审判活动和监管场所监督等职权。①

① 四川省地方志编纂委员会编纂:《四川省志 · 检察审判志》，四川人民出版社 1996 年版。

四是建立人民调解制度。1951 年底，川东、川西、川南、川北四个行政公署和西康省所辖的部分县、市以及重庆市的部分区、县建立人民调解委员会。广大调解员采取“送上门”“家庭会”“院坝会”等方式调解纠纷，化解社会矛盾，促进群众团结和生产发展。

五是建立律师制度。1955 年，四川建立律师协会筹备委员会，并先在成都、重庆两市试行律师制度，维护当事人合法权益，帮助法院办案正确认定事实和运用法律。

六是建立法制宣传制度。1950 年 4 月，新中国第一部《婚姻法》颁布实施后，四川在全省范围内（少数民族地区除外）开展宣传贯彻婚姻法的群众性运动，为即将到来的大规模社会主义建设奠定思想基础和群众基础。1954 年 9 月，新中国第一部《宪法》诞生后，四川各级机关结合基层选举，在全省组织宪法、选举法的宣传，并培训报告员、宣传员向广大人民群众进行深入宣传。① 四川法制在新生政权土壤中破土发芽，巴蜀大地普照温煦法治之光。

七是建立劳改劳教制度。四川解放后，各级公安机关先后接管了国民政府遗留下来的监狱、看守所。为全面贯彻落实毛主席“三个为了”②劳改工作方针，1951 年起，因地制宜、因陋就简地组织大批犯人投入劳动改造。1951 年 12 月，川南行署公安厅劳改处编印《劳改犯人八大规则》，

---

① 四川省地方志编纂委员会编纂：《四川省志 · 检察审判志》，四川人民出版社 1996 年版。

② “三个为了”：为了改造他们，为了解决监狱的困难，为了不让判处徒刑的反革命分子坐吃闲饭。

1952 年 12 月，公安厅在成都召开四川省第一次劳改工作会议，研究部署初创时期劳动改造工作。1954 年《劳动改造条例》颁布实施，四川积极开展劳动改造制度创制工作，初步形成一套关于罪犯管理、教育、改造的制度规章。根据中共中央指示和四川省委批示精神，1956 年省公安厅劳改局在峨边县创办沙坪劳教农场，开启四川劳教工作。

## 二、法制创建期（1978 年至 1997 年）

党的十一届三中全会后，党和国家实现思想路线、政治路线、组织路线拨乱反正，把工作重心转移到经济建设，我国进入改革开放时期。这一时期四川法制建设的主要特点表现为：改革与发展同步，创新与探索并行。

### （一）加强地方立法

一是加强经济领域立法。1986 年 12 月，省政府发布实施《四川省鼓励外商投资的若干规定》，1992 年至 1997 年先后公布实施《四川省鼓励外商投资条例》《四川省价格管理条例》《四川省商品交易市场管理条例》等，为四川省社会主义市场经济发展提供法律保障。

二是加强环境保护立法。1991 年至 1997 年先后公布实施《四川省成都平原耕地保护区耕地保护条例》《重庆市环境保护条例》《四川省都江堰水利工程管理条例》《凉山彝族自治州邛海保护条例》等，从法律上保护巴蜀大地自然人文环境。

三是加强国民教育立法。1986 年公布实施《四川省义务教育实施条例》,1991 年至 1995 年公布实施《四川省中等职业技术教育暂行条例》《四川省实施〈中华人民共和国教师法〉条例》等,推进四川各类教育进入法治化轨道。

四是加强社会治安立法。制定修改《四川省禁止赌博条例》《四川省禁毒条例》《四川省暂住人口治安管理条例》《四川省城市燃放烟花爆竹管理条例》《四川省惩治拐卖、绑架妇女、儿童违法犯罪的规定》等法规,为广大人民群众生命财产安全和公共利益提供强有力的法律保护。

五是加强民生领域立法。1988 年 9 月至 1995 年 10 月先后公布实施《四川省老年人权益保障条例》《四川省未成年人保护条例》《四川省消费者权益保护条例》《四川省饮用水水源保护管理条例》等,全力保护广大人民群众的切身利益和生命健康权益。

六是加强民族地区法制建设。1986 年 7 月至 1987 年 7 月,先后制定实施甘孜藏族自治州、阿坝藏族自治州、凉山彝族自治州自治条例,为推进四川民族区域自治提供重要法制保障。

### (二)严格执法司法

一是法院审判职能不断优化。其一,创新经济审判。1978 年 11 月,重庆中院在全国率先组建经济审判庭,专门审理各类经济案件,成为中国经济司法的开路先锋。至 1985 年,全省各级法院相继建立了经济审判庭,开展对经济纠纷案件的审理工作,用法律手段调整经济关系。其二,创新审判监督。1987 年 5 月,简阳县人民法院在全省率先将原来的信访科调整为告诉申诉审判庭;6 月,省法院将信访申诉庭更名为告诉申诉审判庭,在全国最早组建审判监督机构并实行审监分开,最高人民法院将其作为审判改革经验向全国推广。其三,创新纠纷调解。1992 年 7 月,省法院成立全国第一家省级经济纠纷调解中心,运用法律手段解决经济纠纷,减少社会矛盾。其四,创新刑事审判。1997 年 1 月 1 日起,四川各级法院审理刑事案件,改"审问式"刑事审判为"控辩式"刑事审判。

1978 年 11 月,重庆市中级人民法院在全国率先组建经济审判庭。图为重庆市中级人民法院经济审判庭合议案件。

二是检察机关法律监督职能不断加强。1978 年 10 月 1 日四川省人民检察院恢复重建,1979 年底四川各级检察院普遍组建起来。各地检察机关贯彻"严格执法、狠抓办案"检察工作方针,认真履行刑事检察、监所检察、控告申诉检察等法律监督职责,依法查处了一大批贪污贿赂、失职渎职大案要案,有力打击了各类刑事犯罪,全面开展刑事诉讼监督,维护社会稳定。1988 年 8 月,全省各级检察院陆续成立民事行政检察处(科),开展对民事审判和行政诉讼活动的法律监督,开启对法院全部审判活动的监督。

三是公安机关重典治乱。四川省公安局和四川省高级人民法院于1972年9月恢复成立。1980年5月1日,四川省公安局更名为四川省公安厅。国家实行改革开放以后,出现一些新的诱发犯罪因素,刑事犯罪案件大幅度上升。根据中央统一部署,1983年8月至1986年12月,全省范围内开展声势浩大的严厉打击刑事犯罪活动的斗争,坚持"从重从快、一网打尽"方针,破获各类刑事案件15万余件,惩处了一批杀人越货、残害人民,横行无忌,严重威胁人民生命财产安全,罪大恶极的犯罪分子,初步改变了社会治安状况。严厉打击经济领域中严重犯罪活动,依法从重从快判处贪污、行贿、走私、投机倒把、盗窃公共财物等经济犯罪分子。① 1979年《刑法》《刑事诉讼法》颁布和1986年《治安管理处罚条例》修订颁布后,四川持续规范公安机关刑事执法、行政执法,依法打击违法犯罪活动,加强社会治安管理。

四是司法行政机关法律服务能力不断加强。四川省司法厅于1980年5月1日恢复重建以来,加强法律服务能力成为司法行政机关的主责之一。其一,率先实施律师公证体制改革。1986年,四川省推行律师资格全国统一考试制度。1988年9月,四川省第一家合作制律师事务所——重庆市(时为四川省辖市)平正律师事务所挂牌成立。1992年四川在全国率先启动律师体制全面改革,实行自愿组合、

① 四川省地方志编纂委员会编纂:《四川省志·检察审判志》,四川人民出版社1996年版。

自收自支、自我发展、自我约束的律师体制。1993年12月，四川第一家合伙制律师事务所——四川商务律师事务所成立。1993年，乐山市公证处在全省率先实行公证体制改革，四川公证体制改革受到司法部充分肯定，并在全国推广。其二，法律援助首开先河。1995年司法部提出探索建立法律援助制度，1996年5月，四川成立全国第一个法律援助机构——四川省法律援助中心，并制定《四川省法律援助工作办法（试行）》，负责对全省法律援助工作实行管理监督。其三，监狱劳教工作不断发展。1981年8月全国"八劳会议"以后，根据中共中央决定，1983年8月16日，全省的监狱和劳改、劳教工作从公安机关整建制划归给司法行政机关管理。1985年，全省共42个监狱办成育新学校；1992年邓小平南方谈话后，四川监狱以改革为动力，以创建现代化文明监狱为契机，强化刑罚执行，服务和保障社会政治稳定。全省劳教场所贯彻"教育、感化、挽救"劳教工作方针和彭真同志"三像"①指示，依法、严格、科学、文明管理劳教人员，挽救了大量吸毒劳教人员。1995年1月，成立四川省司法厅劳动教养工作管理局，劳教工作与监狱工作分离。2008年加挂强制隔离戒毒所牌子，开始收治强制隔离戒毒人员。

### （三）持续推进行政执法体制改革

全省认真贯彻落实"有法可依、有法必依、执法必严、

① "三像"：指监狱民警在针对服刑人员的管理中，要像父母对待孩子、医生对待病人、老师对待犯错误的学生。

违法必究”工作方针，配套出台实施办法和规章制度，坚持经济效益、社会效益、生态效益并重，推进行政执法体制改革，促进四川经济社会发展。1980 年，四川率先开展农村政社合一体制改革，实行党政分开、政企分开，受到中央重视和肯定；1984 年起，四川启动新一轮政府行政机构改革，在省级经济部门试行行业管理；1986 年又在自贡启动以转变政府职能为中心的机构改革试点；1988 年到 1995 年，四川紧紧围绕适应社会主义市场经济体制改革要求，相继开展了三次大范围的机构改革，提升政府宏观管理能力。同时，注重应用审计手段加强对政府依法行政的监督，发挥审计监督职能。1983 年 6 月，全国第一个县级审计机关四川省平昌县审计局挂牌成立。

### （四）全面启动普法宣传教育

1985 年 2 月，四川省人大审议通过《关于在全省公民中普及法律常识的决议》，决定从 1986 年起开始在全省全面实施普法五年规划，增强全民法律意识，提高全民法律素质。“一五”普法（1986 年至 1990 年）突出覆盖面广，对 7200 万名包括工人、农（牧、渔）民、知识分子、干部、学生、军人、其他劳动者和城镇居民中一切有接受教育能力的公民（包括原属四川管辖的地级重庆市）开展“十法一例”[①]普法教育，使全体公民知法守法。“二五”普法（1991 年至

---

① “十法一例”：包括《宪法》、《民族区域自治法》、《刑法》、《刑事诉讼法》、《民法通则》、《民事诉讼法（试行）》、《婚姻法》、《继承法》、《经济合同法》、《兵役法》和《治安管理处罚条例》。

1995年)突出方式创新,以宪法为中心,以基本法律为重点,开办法制专题讲座1000余场,对全省20余万名党员干部实行重点培训,促进各项事业依法管理。

## 三、法治新阶段(1997年至2012年)

1997年,党的十五大首次将"依法治国"确立为治国基本方略,将"建设社会主义法治国家"确定为社会主义现代化的重要目标。这一时期,四川法治建设围绕依法治省、优化经济社会发展法治环境、激发社会活力,推进法治四川来开展。

### (一)加快立法进程

一是推进营商环境立法。1999年至2011年制定《四川省外商投资企业劳动管理条例》《四川省关于加快推进对外开放的意见》《四川省关于搞活流通扩大消费的实施意见》《四川省关于承接产业转移的实施意见》《四川省关于损害经济发展软环境行为的责任追究办法》等系列法规、规章鼓励投资、优化营商环境、扩大开放、搞活流通,促进四川经济社会发展。

二是推进文化旅游立法。2006年9月出台的《四川省旅游条例》是全国率先制定的具有鲜明地方特色的省级综合性地方旅游法规,促进四川旅游蓬勃发展。"5·12"汶川特大地震后,四川批准《北川羌族自治县非物质文化遗产保护条例》,直接推动国家2011年6月施行《非物质文化遗产法》。

三是推进生态环境保护立法。1998 年至 2010 年实施制定《四川省水利工程管理条例》《四川省天然林保护条例》《四川省自然保护区管理条例》等，全面规范生态环境保护。

四是推进法律服务立法。2001 年制定《四川省法律援助条例》，2008 年制定《四川省人民调解条例》，为法律援助、人民调解工作提供了法律依据。

五是推进教育改革立法。1998 年至 2008 年制定实施《四川省社会力量办学条例》《四川省教学成果奖励办法》《四川省专业技术人员继续教育条例》等法规规章，促进教育事业健康发展。

六是推进村务公开立法。2001 年至 2009 年先后制定《四川省村民委员会选举条例》《四川省村务公开条例》，推进村务公开民主管理进入法治化轨道，全省探索实行村务公开走在全国前列。

七是推进审计监督立法。1998 年至 1999 年在全国率先出台《四川省关于加强和改进全省审计工作的意见》《四川省国家建设项目审计办法》，2002 年制定《四川省市县级党政主要领导干部经济责任审计暂行办法》，对县以上领导干部经济责任进行审计走在全国前列。2000 年制定《四川省财政收支审计条例》，是全国首例财政审计的地方性法规，促进四川经济健康有序发展。

八是推进民族地区立法。2010 年批准施行的《阿坝藏族羌族自治州突发事件应对条例》，是全国民族自治地方以立法手段应对突发事件的首次探索，体现鲜明的“四川特色”。

### （二）推进依法行政

一是出台依法行政规划。1999 年 8 月，省政府召开全省依法行政工作会议，安排部署依法行政工作；发布推进依法行政五年规划（2004—2008 年），2008 年 4 月出台《中共四川省委　四川省人民政府关于加强机关行政效能建设的决定》，推动全省各级行政机关行政审批制度改革。

二是加强政务中心建设。2001 年四川省政务服务中心正式运行，这是全国首家省级政务服务中心，至 2012 年四川在全国率先建成“纵向到底、横向到边、覆盖全省”的五级政务服务体系，2014 年率先在全国开展政务服务标准化试点。

三是健全依法行政制度体系。2001 年至 2011 年先后出台《四川省政务服务监督管理办法》《四川省市县政府依法行政评估指标（试行）》《四川省行政执法监督条例》，进一步强化行政执法监督，促进各级政府依法行政。

### （三）深化司法改革

一是审判职能持续强化。1998 年四川省高级人民法院启动法官违法违纪举报中心，并向社会公布举报电话，同时建立“院长接待日”制度。2005 年率先在全国强化刑事证据工作，统一刑事证据收集、移送、审查等要求和标准，保障无辜者不受刑事追究。2009 年 9 月，四川审理的孙伟铭醉酒驾车案，最高人民法院将其作为指导案例，推动全国酒后驾车专项整治和醉驾入刑的立法进程。2012 年在全国率先实行统一知识产权案件专家证人出庭作证模式。

四川孙伟铭案推动立法修改酒驾入刑。图为孙伟铭案庭审现场。

二是检察监督职能不断加强。四川省检察机关以强化法律监督、强化自身监督、强化队伍建设为主线，在全国检察机关率先启动省级检察院与省政府法制办“双牵头”的行政执法与刑事司法衔接工作推进模式，依法打击刑事犯罪活动，深入查办和预防职务犯罪，不断加强对诉讼活动的监督。

三是公安制度建设不断加强。2000年制定《四川省县级公安机关执法质量考核评估办法》《四川省公安机关执法过错责任追究程序规定》，2010年制定《四川省公安机关执法活动网上管理规定》等，在全国率先建立执法质量考核评估制度，实行过错责任追究，全面推行执法活动网上监控、研判、预警、考评，推动四川公安执法管理走上规范化、信息化轨道。

四是司法行政工作跨越发展。法律服务行业改革走在全国前列。加大国资律师事务所脱钩改制力度，2001年底除甘孜、阿坝、凉山和部分经济欠发达地区外，全省共有143家国资律师事务所完成了脱钩改制，转为合伙制律师事务所；实施公证机构体制改革，由行政体制公证转为事业体制公证，眉山公证处成为全国十个试点之一的合作制公证处；司法鉴定工作创造全国"七个第一"；①外商投诉工作赢得赞誉。四川监狱系统强力推进企业破产减负，成功化解各类历史遗留问题，轻装前行。实施全国规模最大的监狱迁建、重建、改建工程，全省2/3的监狱转移至大中城市和交通沿线，实现地理分布与关押需求，戒备等级与押犯结构之间调适，在全国率先开展监狱标准化建设，监狱工作跃居全国先进行列，"5·12"汶川大地震时，四川监狱系统组织的"千里大转移"行动被哈佛大学列为世界巨灾应对经典案例，中央政法委将其选入《政法干警核心价值观教育读本》。四川纳入全国第二批社区矫正试点省份，开启社区矫正工作新篇章。

### （四）探索社会依法治理

一是持续深化全民普法。全面实施"三五"普法（1996年至2000年）、"四五"普法（2001年至2005年）、"五五"普

---

① 司法鉴定创造全国"七个第一"：第一个经司法部授权开展司法鉴定职业资格考试考核；第一个建立司法鉴定人名册、向司法鉴定人颁发《司法鉴定人职业证书》；第一个开展全省检察系统技术鉴定人职业资格考试；第一个规范全省检察系统司法鉴定；第一个出台统一的司法鉴定服务收费标准；第一个与有关部门联合发文共同规范行业司法鉴定；第一个成立地市级司法鉴定人协会。

法(2006年至2011年)规划,坚持法制宣传教育与法治实践相结合,普治结合、以治为主,对县处级以上领导干部、司法人员、行政执法人员、企业经营管理人员、青少年进行以宪法和基本法律为主要内容的宣传教育,进一步增强公民的法治意识和法律素质,不断提高各级领导干部依法执政、依法行政能力,实现"两个提高、两个转变"。① 围绕"5·12"汶川大地震灾后重建开展法律服务工作,汇编《抗震救灾法律常识》4万册,免费送到灾区干部群众手中,服务灾后重建。

二是创新社会治理模式。2004年建立信访突出问题及群体性事件联席会议制度,构建"大信访"工作格局,建立律师参与信访工作机制,引导群众按照法定程序依法理性反映诉求。2005年率先在全国探索开展社会稳定风险评估,2010年出台全国首部社会稳定风险评估省级政府规章。2009年在全国率先建立"大调解"工作体系,创新构建"诉非衔接""检调对接""公调对接""访调对接"等多元化解新模式。

三是强化社会治理举措。2007年5月,四川在全国率先推出住房保障制度;2008年1月成都率先建立耕地保护基金制度,成为全国第一个对农民保护耕地给予经济补贴的城市;推行网格化服务管理,通过网格化服务管理平台办理社会各类事务,夯实基层社会治理基础。

① "两个提高、两个转变":提高全体公民特别是领导干部法律素质,提高社会法治化管理水平,由提高全民法律意识向提高全民法律素质的转变,由注重依靠行政手段管理向注重运用法律手段管理的转变。

## 四、法治新时代(2012年至今)

党的十八大开启了法治中国建设新时代。四川坚定用习近平新时代中国特色社会主义思想统揽依法治省各项工作,坚定把治蜀兴川各项事业全面纳入法治化轨道,坚定把四川法治建设提高到一个新水平,着力依法执政、科学立法、严格执法、公正司法、社会法治“五个板块”,不断深化四川法治实践,扎实推动中央依法治国重大决策部署在巴蜀大地落地生根。

### (一)强化系统谋篇布局

习近平总书记强调,全面依法治国是中国特色社会主义的本质要求和重要保障,必须坚定不移地走中国特色社会主义法治道路。四川省全面贯彻习近平总书记重要指示,深刻认识四川“人口多、底子薄、不平衡、欠发达”省情实际,把依法治省作为一项战略任务和关键性工程来抓,着力把治蜀兴川各项事业全面纳入法治化轨道。

一是高度重视依法治省顶层设计。其一,构筑法治四川建设“四梁八柱”。2013年,在全国率先出台《四川省依法治省纲要》,2015年制定《关于抓住领导干部“关键少数”全面深入推进依法治省工作落实的意见》,制定依法治省指标体系、评价标准、评估办法,成为检验依法治省落地落实情况的度量衡,构建以依法治省决定为主导,依法治省纲要、指标体系、评价标准、评估办法为配套的“一个主导、四个配套”法治体系,加快构建办事依法、遇事找法、解决问题用法、化解矛盾靠法的法治良序，推动各项工作取得明显成效。其二，系统谋划全面依法治省。2018年6月，省委召开十一届三次全会，作出《关于深入学习贯彻习近平总书记对四川工作系列重要指示精神的决定》《关于全面推动高质量发展的决定》，提出了“一干多支、五区协同”“四向拓展、全域开放”战略，进一步深化依法治省实践，为高质量发展提供法治保障，对扎实开展深入学习宣传和贯彻实施宪法活动，深入推进“法律七进”和基层法治示范创建，推进科学立法、民主立法、依法立法，建设法治政府，推进依法行政，深入推进行政执法与刑事司法衔接，深化司法责任制综合配套改革，构建权责统一的司法权运行新机制，深化

2018年6月29日至30日，中共四川省委十一届三次全体会议在成都召开，省委书记彭清华讲话。

藏区依法治理，抓好彝区禁毒防艾等方面，作出安排部署，坚定不移地贯彻习近平总书记全面依法治国重要指示和中

央关于法治建设的重大决策部署，对各级各有关方面推进依法治省分门别类地提出明确要求，重点强调省委常委会带头推动"关键少数"，在坚持法治、反对人治上树标杆、作表率，进一步牢固树立宪法法律至上的法治理念，进一步推动依法治省工作再上新台阶。其三，实施法治四川建设新的战略布局。2019 年 3 月 19 日，召开省委全面依法治省委员会第一次会议，审议通过了委员会工作规则、协调小组工作规则、办公室细则（以下简称"两规则一细则"），明确了省委全面依法治省委员会、各协调小组及委员会办公室职责任务和运行机制，既全面对标中央全面依法治国委员会有关文件精神，做好"规定动作"，又从四川实际出发，注重创新制度机制和工作方法，推出了有特色、有亮点的"自选动作"。坚持依法治国、依法执政、依法行政共同推进，法治国家、法治政府、法治社会一体建设，把治蜀兴川各项事业纳入法治化轨道，统筹推进全面依法治省各项工作，建设更高水平的法治四川，为全省经济社会发展提供更加安全的政治环境、稳定的社会环境、公正的法治环境、优质的服务环境。

二是打牢治蜀兴川法治根基。2014 年，省委成立了省依法治省领导小组，省委书记任组长，省委副书记任常务副组长，领导小组办公室设在省委办公厅，省委副秘书长兼任办公室主任；省委办公厅、省人大常务委员会办公厅、省政府办公厅、省政协办公厅和纪委、组织、宣传、统战、政法部门共同构建了"4+5"工作推进机制，统筹推进法治建设；市、县两级比照设立法治建设领导机构。21 个市（州）党委书记切实履行法治建设第一责任人职责，把法治摆上重要日程来安排、作为重要工作来推动、列入重要目标来考核。认真落实中央要求，每次重大会议重要部署必强调依法治省，重点调研重要安排必包含依法治省，党政年度目标考核必突出依法治省。先后召开依法治省川东北、甘孜阿坝凉山三州、川南和环成都四大片区现场推进会和示范创建推进会，统筹破解生效判决执行、行政应诉、“两法衔接”、法治信用建设四大难题，扭住示范创建、特色创新、法治暗访、年度考核、第三方评估五大抓手，推动依法治省实现提档升级。

三是构建全面依法治省新格局。2018年，按照中央批准的《四川省机构改革方案》，将省依法治省领导小组改为省委全面依法治省委员会，由省委书记任主任，省长和省委副书记任副主任，下设立法、司法、执法、守法普法四个协调小组及委员会办公室。办公室设在省司法厅，全面统筹推进四川法治建设。市县两级对标省委组建相应的法治建设议事协调机构和工作机构。制定“两规则一细则”、①年度工作要点、工作台账，健全办公室制度和协调小组联络员制度，严格执行重要法治事项工作审批、重大问题请示报告、重要法治决定和方案备案，完善信息报送制度，构建起了“1+4+N”工作机制，②基本形成左右联动、上下贯通、同频共振、协调配合的法治工作格局。

---

① “两规则一细则”:《省委全面依法治省委员会工作规则》《省委全面依法治省委员会协调小组工作规则》《省委全面依法治省委员会办公室工作细则》。

② “1+4+N”:1，是指四川省委全面依法治省委员会;4，是指省委全面依法治省立法、执法、司法、守法普法四个协调小组;N，是指省直各部门(单位)。

### （二）统筹推进全面依法治省

习近平总书记强调，全面依法治国是国家治理的一场深刻革命，必须坚持厉行法治。四川坚持以习近平总书记全面依法治国新理念新思想新战略为指导，把治蜀兴川各项事业全面纳入法治化轨道，把四川法治建设提升到一个新水平。

一是压紧压实法治建设责任。抓住领导干部这个“关键少数”，制定《四川省党政主要负责人履行推进法治建设第一责任人职责实施办法》，实现依法治省和依规治党、制度治党有机结合，各级党政主要负责人切实履行依法治省重要组织者、推动者和实践者责任，对法治建设重要工作亲自部署、重大问题亲自解决、重点环节亲自协调、重要任务亲自督办，把本地、本部门各项工作全面纳入法治化轨道。发挥省委常委班子“头雁作用”，出台《关于省委常委会带头进一步增强法治观念深化依法治省实践的意见》，从着力增强宪法法治观念、严格遵守法治工作制度、全面提升法治能力、切实当好法治标杆四个方面，推动各级领导干部在坚持法治、反对人治上树标杆、作表率。强化领导干部法治实践，坚持把法治建设成效作为衡量各级领导班子和领导干部工作实绩重要内容，把遵守法律、严格依法办事作为考察使用干部的重要依据，注重在领导班子中配备具有法学专业背景或法治工作经历的成员，对“不依法办事、不正确履行法定职责”的坚决调整。

二是推进科学民主依法立法。贯彻习近平总书记“以良法促进发展、保障善治”指示精神，构建党委领导、人大主导、政府依托、各方参与的科学立法工作格局，围绕高质量发展推进地方立法。建立完善立法起草、论证、审议、协调机制，建立健全项目征集、评估听证、表决审议、群众参与制度，紧扣立法计划、立法监督等8个关键环节设定量化考核指标，创新推行“一点一库一基地”基层立法联系点制度，①紧扣重大改革开放举措，加快完善具有地方特色的地方性法规体系，以法治引领和推动改革；借鉴国内外法治文明成果，积极开展与周边国家和地区的法律交流合作，共同打造市场化、法治化、国际化的营商环境，促进经济大融合、发展大联动、成果大共享，深入推进依法立法、科学立法、民主立法，着力提高立法质量，为四川改革发展稳定营造良好法治环境。

三是坚持严格规范公正文明执法。贯彻中央“严格规范公正文明执法、加快建设法治政府”重大决策部署，针对群众反映最强烈的突出问题，通过加强“两法衔接”、强化执法管理等举措推进严格执法；通过完善执法程序、统一裁量基准等措施规范执法；通过严格执法裁决、落实执法责任等方式深化公正执法；通过规范执法行为、公开执法信息等手段强化文明执法。坚持执法为公、执法为民，为人民执好法、维好权，建立政府权力清单、责任清单制度，厘清执法权力边界，深化行政执法体制改革，整合执法主体，合理配置执法力量，切实解决多头执法、多层执法和不执法、乱执法

① “一点一库一基地”基层立法联系点制度：法制工作联系点，立法咨询专家库，立法评估协作基地。

问题，把执法如山和执法如水结合起来，既要严格执法，也要文明执法、便民执法，达到定分止争、案结事了的执法效果，把执法的过程转化成让人民群众认同法治、选择法治、信仰法治的过程。

四是着力公正高效权威司法。落实习近平总书记“努力让人民群众在每一个司法案件中感受到公平正义”重要指示，大力推进阳光司法，扩大司法公开范围，构建开放、动态、透明、便民的阳光司法体制，健全冤假错案防范、纠正、责任追究制，推进以审判为中心的诉讼制度改革，建立办案质量终身负责制和错案责任倒查问责制，清理化解信访积案，从源头上治理司法不公、杜绝司法腐败，打造信念坚定、执法为民、敢于担当、业务过硬、清正廉洁的法治专门队伍，营造公正司法、独立办案的良好环境，确保司法不受任何法外因素干扰，“公平正义”逐步变成人民群众看得见、摸得着、能感受、得实惠的“公共产品”。

五是深入推进法治政府建设。全面深化机构改革，制定《四川省法治政府建设实施方案（2016—2020年）》，审议通过《四川省机构改革方案》及实施意见，全力推进机构改革任务如期完成、按时交卷，为加快推进全省治理体系和治理能力现代化创造了有利条件；完善依法决策机制，对重大行政决策作出程序性规定，实行风险评估和合法性审查；持续深化“放管服”改革，纵深推进“最多跑一次”“一枚印章”管审批；建立健全权力监督约束机制，梳理政府权力清单、责任清单、负面清单，厘清政府与市场边界，在全国审计机关首建审计约谈制度，对领导干部亮出问责之剑。

### (三)夯实全面依法治省基层基础

习近平总书记指出,推进依法治国的基础在基层、重点在基层。省委把夯实基层、打牢基层基础作为依法治省重中之重,推动基层社会在深刻变革中既生机勃勃又井然有序。

一是持续深化"法律七进"。认真落实习近平总书记"要坚持把全民普法和守法作为依法治国的长期基础性工作"重要指示,以"法律七进"推动法治"灌输",分门别类制定行动纲要、实施方案、普法大纲和普法读物,对"进什么、怎么进、谁来进、如何评价、评价结果如何运用"作出明确规定,使"法律七进"真正"进得去、落得下、见实效"。深化普法宣传教育,坚持见言见行、抓常抓长,构建普法"大合唱"格局,推动"法治宣传七进"向"依法治理七进"转变。推动法律进机关"五落实",法律进学校"四到位",推广法律进寺庙"四进七有"工作模式,推进法律进乡村(社区)"六个一工程",法律进企业(单位)"四项制度",营造"遇事找法、办事依法、解决问题靠法、化解矛盾用法"的浓厚氛围,为治蜀兴川再上新台阶夯实法治根基。加快推进法治文化阵地建设,借民族文化传播法治理念,让法治的"大道理"潜移默化、浸润人心,进一步发掘整理、发扬光大本土法治资源,为推动新时代全民守法提供鲜活教材,为全面依法治国注入强大文化力量;持续开展法治文化作品推广和法治文化传播,将社会主义核心价值观融入法治建设;以法治好用、法治管用推动法治"通行",努力让法治成为人民群众解决问题时首先选择、充分信赖、便捷高效的办法措施，从根本上解决“找人不找法、信访不信法”等突出问题。

二是创新基层治理法治举措。完善党委领导、政府主导、社会协同、公众参与、法治保障的社会治理体制，推进多层次、多领域依法治理。全面推行网格化服务管理，大力推进“雪亮工程”和综治中心建设，党的十八大以来，网格化服务管理平台办理各类事务4034余万件，夯实基层社会治理基础。深入实施“诉非衔接”“检调对接”“公调对接”“访调对接”等多元化解新模式，矛盾纠纷多元化解机制“眉山经验”向全国推广，知识产权类型化案件快审机制作为首批全面创新改革经验向全国推广。以统筹开展九大示范创建为载体探索基层治理体系和治理能力现代化建设的方法路径，以制定实施村（居）规民约为重点建立自治、法治、德治相结合的乡村治理体系，以基层党组织为核心构建“一核多元、合作共治”治理体制，坚持自治、法治、德治三治融合，建成覆盖城乡的实体、网络、热线三位一体的公共法律服务体系，实现老百姓遇事找法“抬头能见、举手能及、扫码能得”。建立“大联动、微治理”机制，破解“吊脚楼”难题；推行部门依法行政账图模式，破解法治工作和业务工作“两张皮”难题；建立完善基层治理“双向”工作机制，破解“灯下黑”难题；制定实施差异化、精准化基层治理办法，破解“大呼隆”难题。积极运用大数据、人工智能等新技术破难题、补短板、防风险，着力推进社会治理系统化、科学化、智能化、法治化；坚持依法治国和以德治国相结合，更加注重运用法治思维和法治方式，更加注重发挥道德规范作用,引导人民群众通过自律自治实现社会共治善治。

三是实施全面依法治省促进社会稳定。贯彻习近平总书记坚决维护宪法法律权威的指示精神,完善党委领导、政府负责、民主协商、社会协同、公众参与、法治保障、科技支撑的社会治理体制,把加快民族地区发展、维护少数民族群众合法权益纳入法治化轨道,提高全社会法治化管理水平。用法治思维和法治方式稳健推进藏区反分维稳、彝区禁毒防艾、特大中心城市和区域中心城市依法治理,加快建设社会治安防控、多元纠纷化解、网格化和特殊人群服务管理四个体系,以六大专项行动整治社会乱象、彰显法治权威,建立完善共建共治共享的社会治理格局。

四是实现公共法律服务体系城乡全覆盖。加快完善公共法律服务体系,推动公共法律服务均等化。出台公共法律服务体系实施意见、发展规划、建设标准、管理办法和考评体系,完成"12348 藏汉双语法网"总平台建设和"12348 四川法网"升级,全省公共法律服务实体、热线、网络平台实现全覆盖。连通法学会法律专家库 5529 位专家,在线提供法律专业指导;2019 年 6 月,"一带一路"法律服务共享平台"丝法通"上线,为四川企业提供更加精准优质涉外法律服务。

五是加强舆论宣传。构建全省一体化法治宣传体系,实现省市县三级联动,打造"法治四川"融媒体宣传平台,省市县主要媒体、各大新闻网站、新媒体,深入宣传习近平总书记全面依法治国新理念新思想新战略,广泛投放法治四川宣传标语,黄金时段播放法治公益广告,营造依法治省浓厚氛围；召开“学习贯彻省委全面依法治省委员会第一会议精神”新闻发布会，举办“新时代治蜀兴川法治保障”高端论坛，在北京召开《四川依法治省年度报告（2019）》发布会并举办专家座谈会，积极展示四川法治建设成就。

### （四）坚持民族地区依法治理

一是坚持藏区常态化依法治理。认真贯彻习近平总书记依法主动综合治理重要指示精神，把法治作为藏区和谐稳定、长治久安定海神针，深入分析把握藏区“五个没有改变”“五个尤为迫切”总体形势，务实创新地推动中央依法治藏、富民兴藏、长期建藏、凝聚人心、夯实基础战略部署在四川藏区落地生根。深入开展“法律进寺庙”活动，建成寺庙法治宣传栏 879 个、法律图书角 765 个，培养“法律明白人”1456 人，设立寺庙法律服务联系点 699 个，发放普法读

2018 年 7 月 31 日，四川省司法厅组织律师公证服务团送法进寺庙。

物5.3万余册，开展法治宣讲226场，寺庙法律宣传实现“四进七有”；开展“宪法藏区行”活动，启动持续三年的藏区宪法学习宣传教育专项行动，常态化开展律师公证法律服务团送法进寺庙工作，加强法治宣传教育和法律服务。

二是坚持彝区依法禁毒防艾。习近平总书记在2018年视察凉山时强调，要坚持治毒、治愚、治穷、治病“四位一体”，突出重点强力依法治毒，着眼长远强化依法治愚，加强基层治理依法治穷，坚持靶向瞄准“依法治病”，坚决打赢彝区四大攻坚战。制定出台《关于毒品治理长效机制的实施意见》，部署推进“1+15+N”禁吸戒治康复体系①建设，精准实施“绿色家园”②“2+3+X”戒治管控模式；③开展“禁毒·秋风”专项行动，重拳打击毒品犯罪。严格落实国家义务教育法，全面实施改薄计划、十年行动计划、大凉山彝区教育振兴行动等重大项目和15年免费教育政策，扎实开展“千校万生禁毒防艾行动”“小手牵大手”等活动，在凉山州1700余所中小学100%配备法治副校长（辅导员），引导学生树立正确法治观念，养成良好行为习惯。加强基层治理依法治穷。全面推进彝区公共法律服务体系建设，深入实施差异化精准普法、实施劳务输出法律援助全覆盖、“村

① “1+15+N”戒治康复体系：推进1个州级“绿色家园”、15个县级“绿色家园”、451个社区戒毒社区康复工作站建设。

② 绿色家园：成为集戒毒康复、教育转化、就业安置等多种社会功能为一体的戒毒康复基地。

③ “2+3+X”戒治管控模式，2年强戒隔离戒毒出所后转介至绿色家园继续进行3年集中社区戒毒或社区康复，“X”即对无正当理由超期未报到、严重违反协议、拒绝接受社区戒毒康复人员再执行“2+3”规定循环服务管理。

规民约”规范基层治理、“村村响”法治文化培育法治扶贫“六大行动”。强力推进凉山州艾滋病防治和健康扶贫攻坚，印发关于全面加强艾滋病防治工作的意见，同时配套下发2018—2020年工作方案，进一步加大财政投入，省财新增专项资金7182万元，统筹中财省财经费1.59亿元，攻坚工作取得阶段性成效。

### （五）坚持预防与惩治并重

2012年在锦江监狱建成四川省法纪教育基地，坚持“人生之路、与廉同行”主题，围绕“以史为镜、以案警示、以文化人”主线，将反腐倡廉重大命题与巴蜀文化相结合，法纪警示教育与廉政文化传播相结合，传统平面展示与多媒体互动体验相结合，回眸历史，了解现实，解析人生。2017年2月，四川图书馆成为四川省法治教育示范基地。近年来，四川省组织创作的廉政文化作品川剧《苍生在上》《什邡市草鞋县令》《惊蛰》等，以艺术表演的形式生动反映了“天府之国”清廉法治建设。

# 第二部分　坚持党对法治建设的全面领导

**摘要**：中国共产党领导是中国特色社会主义最本质特征，是中国特色社会主义法治最根本的保证。四川认真贯彻落实中央决策部署，全面从严治党，确保权力依法规范运行，把党的领导贯穿法治建设的全过程各方面，不断健全党领导法治建设的体制机制，坚持依法治省、依法执政、依法行政共同推进，坚持法治四川、法治政府、法治社会一体建设，形成了党领导下立法、执法、司法、守法普法一体推进的工作格局，推进全面依法治国基本方略在四川落地生根。

## 一、坚决贯彻落实中央决策部署

### （一）推进民主法制建设

巩固人民政权。1952 年 6 月下旬，中央政法委员会决定在全国开展以反对旧法观点和改造、整顿司法机关为内容的司法改革运动。9 月下旬，四川省人民政府举行第三次行政会议，组建司法改革委员会。10 月，召开全省司法改革工作会议。此次运动清除了一批贪赃枉法、违法违纪、不堪改造的坏分子和隐蔽在司法机关中的反革命分子，整顿和纯洁了司法机关。1953 年 4 月，成立四川省选举委员会,集中培训 400 多名干部分派到各地选举委员会指导选举工作,7 月开始基层人民代表普选工作,各地由选民直接选举乡、镇人民代表,再通过间接选举产生县、市直至省人大代表。1954 年 8 月 1 日,四川省人民代表大会第一次会议召开,省委书记李井泉致开幕词,李大章作工作报告,选举朱德、张澜、吴玉章、郭沫若等 87 人为第一届全国人民代表大会代表,通过了拥护宪法草案的决议,标志四川法制建设在党的领导下迈开坚实步伐。

1954 年 8 月 1 日至 8 日,召开四川省第一届人民代表大会第一次会议,通过拥护中华人民共和国宪法草案的决议。

有序推进法制建设。1978 年党的十一届三中全会确立了"有法可依,有法必依,执法必严,违法必究"的社会主义法制建设的十六字方针,为社会主义法制建设开启了崭新征程。1979 年 1 月,四川省委召开第三次代表大会,认真贯彻党中央各项决策部署,落实发展社会主义民主,健全社会主义法制的要求,坚持两手抓,一手抓改革开放,一手抓民主法制建设,翻开四川法制建设新篇章。此后,省委历届全会都对民主法制建设进行了安排部署,确保中央民主法制建设决策部署在四川落地落实。如 1986 年 10 月,四川省委四届七次全会强调指出,要加强社会主义民主、法制和纪律的教育,促进社会治安、社会风气的继续好转;1993 年 4 月,四川省委第六次代表大会指出,要坚持和完善人民代表大会制度,努力健全社会主义法制,严格执行宪法和法律,加强执法监督。四川省委带领全川人民,紧紧围绕改革、发展、民生、稳定各项事业,健全法制建设保障体系、法律监督体系,全面推进立法、执法、司法、普法各项工作,为治蜀兴川提供了坚强有力的法制保障。

### (二)深化全面依法治省实践

全面落实依法治国基本方略。党的十五大明确提出了依法治国的基本方略,确立了建设社会主义法治国家的战略目标。四川省委全面践行依法治国基本方略,全力推进依法治省各项工作。1997 年 10 月,四川省委六届十次全会要求,深入学习贯彻落实党的十五大精神,推动四川法治建设向前发展。1998 年 1 月,省委第七次代表大会作出《关于依法治省的决定》,要求加强地方立法,坚持法律面前人人平等,政府机关必须依法行政;推进司法改革,建立冤案、错案责任追究制度,增强各级领导干部的法制观念,提高依法决策、依法行政、依法管理的能力。2002 年 5 月,省委第八次代表大会强调,推进精神文明建设和民主法制建设,推进依法治省,搞好地方性法规和规章的立改废工作,提高立法质量，推进政府工作法制化，坚持依法行政，深化司法改革，确保司法公正，加强执法、司法队伍建设。2007 年 5 月，四川省委第九次代表大会明确了四川法治建设的路径，要求营造公平正义、规范有序的法治环境。

奋力推进全面依法治省。党的十八大开启全面依法治国新时代，四川省委深入贯彻落实中央法治建设决策部署，坚持以习近平新时代中国特色社会主义思想为指导，深入学习贯彻习近平总书记全面依法治国新理念新思想新战略，把法治建设作为重要政治工程纳入省委重要议事日程，以前所未有的高度谋划法治，以前所未有的广度和深度践行法治，推动法治四川上新台阶。2013 年，省委印发《四川省依法治省纲要》。2014 年，省委十届五次全会审议通过《中共四川省委关于贯彻落实党的十八届四中全会精神全面深入推进依法治省的决定》。2015 年，出台《四川省依法治省指标体系（试行）》《四川省依法治省评价标准（试行）》《四川省法治建设状况评估办法（试行）》，构建出新时代四川法治建设的基本框架。2017 年 5 月，四川省委第十一次代表大会规划了推动治蜀兴川再上新台阶的宏伟蓝图。2018 年 6 月，四川省委十一届三次全会审议通过《中共四川省委关于深入学习贯彻习近平总书记对四川工作系列重要指示精神的决定》《中共四川省委关于全面推动高质量发展的决定》，要求围绕激发改革创新动力活力，推动政策环境、市场环境、法治环境、人文环境、生态环境全面优化，打造发展环境新优势；围绕增强群众获得感幸福感安全感，推进治理国家体系和治理能力现代化，开创共建共治共享新局面。2019年3月，省委全面依法治省委员会召开第一次会议，作出“把治蜀兴川各项事业全面纳入法治化轨道、把四川法治建设提高到一个新水平”的决策部署。

## 二、完善党领导四川法治建设的体制机制

### （一）完善法治建设领导体制

2014年，四川成立由省委书记任组长，由省委副书记任常务副组长的依法治省领导小组，领导小组办公室设在省委办公厅。参照省委的机构设置方式，全省各市（州）、县（市、区）、省级及中央驻川部门（单位）均建立起专门的推进法治工作的组织机构，形成“1+4+5+21”的组织领导体系，①形成了党委统筹总揽、系统垂直推进、条块紧密结合、部门各司其职的纵向到底、横向到边的依法治省工作格局，为法治工作提供了坚实的组织保障。2018年10月，根据《深化党和国家机构改革方案》，出台《四川省机构改革方案》，明确将省依法治省领导小组改为省委全面依法治省委员会，作为省委议事协调机构，由省委书记担任主任，省长和省委副书记担任副主任，下设立法、执法、司法、守法普法4个协调小组和办公室，办公室设在司法厅。制定了全省依法治省委员会工作规则、协调小组工作规则、办公室工作细则、办公室工作管理办法等制度，推进依法治省优化协

---

① “1+4+5+21”组织领导体系：“1”指省依法治省领导小组；“4”指省委办公厅、省人大办公厅、省政府办公厅、省政协办公厅；“5”指省纪委、省委组织部、省委宣传部、省委统战部、省委政法委；“21”指21个市（州）建立法治工作目标责任制度。

同有效运行，各地各部门也设立了相应的法治建设机构，初步形成上下贯通、左右联动、同频共振、协调配合的依法治省工作新格局，为新时代四川法治建设提供了重要政治保证和组织保障。

### (二)健全领导法治建设工作机制

四川省委着力健全领导科学立法、保证严格执法、支持公正司法、带头守法的工作机制，充分发挥牵头抓总、把关定向和综合协调、整体推进作用。加强对立法工作的领导，地方立法机制不断完善。健全地方立法工作向省委请示报告制度。改革开放至今，四川省委已先后召开了 6 次省委人大工作会议，研究部署包括地方立法的人大各项工作，为人大立法工作明确了正确的政治方向。2009 年，出台《中共四川省委员会关于进一步加强人大工作的意见》，支持人大及其常委会依法行使地方立法权。加强党领导立法工作，确定地方立法工作思路和目标任务，明确重点立法任务。截至 2019 年 9 月，四川共制定省级地方性法规 294 件，现行有效 215 件；省级政府规章 335 件，现行有效 167 件。加强对法治政府建设的领导，2016 年出台《四川省法治政府建设实施方案(2016—2020 年)》，统筹推进法治政府建设，深入推进依法行政。2019 年，省委全面依法治省委员会第一次会议要求，全面加强法治政府建设，健全依法决策机制，严格规范公正文明执法，不断增强政府公信力和执行力。加强对司法工作的领导，推进司法体制改革，统筹推进破解“执行难”“诉源治理”等工作，努力提升司法公信力，让人民群众在每一个司法案件中感受到公平正义。带头守法，提升法治建设能力。2015 年出台《关于抓住领导干部“关键少数”全面深入推进依法治省工作落实的意见》，2017 年出台《四川省党政主要负责人履行推进法治建设第一责任人职责规定实施办法》，2018 年出台《中共四川省委关于省委常委会带头进一步增强法治观念深化依法治省实践的意见》，增强领导干部运用法治思维和法治手段深化改革、推动发展、化解矛盾、维护稳定的能力，把治蜀兴川各项事业全面纳入法治化轨道，坚定不移推进依法治省各项工作落到实处。

## 三、加强党内法规制度建设

### （一）完善党内法规制度

2014 年 9 月，印发《中共四川省委关于废止和宣布失效一批党内法规和规范性文件的决定》，废止 29 件，宣布失效 14 件。省内各地区党组织也开展了党内规范性文件的清理、备案工作。2015 年印发《省委党内法规和规范性文件合法性审查办法（试行）》，56 件省委党内法规和规范性文件报送中央备案，审查市（州）党委和省委部委规范性文件 886 件，推动党委、人大、政府备案工作机构分工负责、疑难会商、交流共享，构建内容科学、程序严密、配套完备、运行有效的党内法规制度体系。2016 年，217 件省委党内法规和规范性文件报送中央备案，审核制定省委党内法规 36 件、规范性文件 181 件，审查市（州）党委和省委部委规范性文件 2953 件。2018 年，省委印发《省委党内法规制定工作五年规划（2018—2022 年）》，对今后 5 年省委党内法规制度建设进行了整体谋划部署，出台《四川省委党内法规实施评估办法（试行）》。2018 年备案审查党内规范性文件 1166 件，其中纠正 14 件，书面提醒 44 件。

## （二）全面从严治党

四川省委坚持思想建党、制度治党有机统一，全面从严治党。2016 年，省委作出《关于坚持思想建党与制度治党紧密结合全面推进从严治党的决定》，出台《严守政治纪律严明政治规矩加强领导班子思想政治建设的十项规定》和《关于进一步严肃党内政治生活巩固发展良好政治生态的若干措施》，坚持领导干部“六个重视选用”①“六个坚决不能用”②“六个坚决调整”，③巩固发展风清气正、崇廉尚实、

---

① “六个重视选用”：重视选用信念坚定、与党同心，政治上过硬的干部；思想解放、视野开阔，能打开工作局面，改革创新意识强的干部；敢于担当，在关键时刻冲得上去，在急难险重任务面前经得住考验的干部；务实肯干，长期扎根一线、甘于奉献，工作实绩突出的干部；真心为民，对群众有感情、善于做群众工作，群众公认度高的干部；清正廉洁，品行端正，能够守得住底线的干部。

② “六个坚决不能用”：对政治上不过硬，大是大非面前立场不坚定的；廉政上过不了关，问题反映比较多又没有查清楚的；作风上依然我行我素，违反中央八项规定、省委省政府十项规定，顶风违纪的；热衷搞人身依附，抱大树攀高枝，慷国家之慨搞利益输送的；拉帮结伙、请客送礼搞“勾兑”，拉票贿选的；为官不为，不敢担责、不愿干事的，坚决不能用。

③ “六个坚决调整”：对违反政治纪律，落实中央重大方针政策和省委、省政府重大决策部署有令不行、有禁不止，造成重大损失或恶劣影响的；对违反民主集中制，不按程序和制度办事，决策严重失误，造成重大损失或恶劣影响的；对班子严重不团结、软弱涣散的；对在急难险重任务面前临阵退缩、不敢担当，回避矛盾、处置失当，造成重大损失或恶劣影响的；对不适应新常态要求，不依法办事、

干事创业、遵纪守法的政治生态。2018 年，修订《四川省市（州）、县（市、区）党委巡察工作办法》，出台《四川省党纪政纪处分决定执行工作实施办法》。2019 年，省委省政府印发《关于推进 2019 年全面从严治党、党风廉政建设和反腐败工作的意见》，要求始终把党的政治建设摆在首位，切实增强践行“两个维护”的思想自觉和行动自觉，进一步加强和规范党内政治生活。2019 年 6 月，省委十一届五次全会暨全省“不忘初心、牢记使命”主题教育工作会议，审议通过《中共四川省委关于开展“不忘初心、牢记使命”主题教育的实施意见》，推进全面从严治党向纵深发展。

2019 年 6 月，省委十一届五次全会暨全省“不忘初心、牢记使命”主题教育工作会议在成都召开。

---

不正确履职尽责，为官不为、庸懒散浮拖严重的；对任期内对履行管党治党主体责任和“一岗双责”不到位，抓党风廉政建设和从严治吏不力，导致本地、本部门（单位）多次出现干部严重违纪违法行为的，要坚决调整。

# 第三部分　健全地方立法体制机制

**摘要：**随着社会主义法制的逐步健全，四川的地方立法体制机制不断完善，特别是党的十八大以来，四川坚持党对立法工作的领导，坚持立法为民，坚持法治统一，坚持立法与改革发展相适应，突出地方特色，不断提高立法质量，基本形成了较为完整的地方立法体制和机制，服务地方经济社会发展，推动宪法法律贯彻实施，为治蜀兴川再上新台阶打下了坚实的法治基础。

## 一、构建地方立法格局

回顾七十年法制发展的过程，地方立法经历了一个从蹒跚学步到蹄疾步稳、从注重立法数量到注重立法质量、从关注权力运行到注重权利保障、从立法体制匮乏到立法体制机制不断完善的发展进程。特别是党的十八大以来，为更好发挥中央和地方两个积极性，以习近平同志为核心的党中央对进一步完善我国立法体制作了深入思考和推进。四川也在建立新政权、恢复新秩序的过程中，开启了社会主义法制建设的新征程，并在改革开放后，尤其是十八大之后，不断完善健全了地方立法的体制机制。

### （一）完善地方立法工作机制

一是确立地方立法权。党的十一届三中全会之后，国家恢复立法工作。1979 年 7 月 1 日，第五届全国人大二次会议通过《中华人民共和国地方各级人民代表大会和地方各级人民政府组织法》，省、自治区、直辖市人大及其常委会可以制定和颁布地方性法规。1982 年颁布《中华人民共和国宪法》，正式确立了我国立法体制，赋予省、市、自治区人大常委会以及省会城市和经国务院批准的较大城市常委会制定地方性法规的权力。1977 年，四川人大恢复工作，同年 12 月 5 日~20 日，四川召开省第五届人民代表大会第一次会议。1979 年 12 月 25 日，四川省第五届人民代表大会第二次会议选举产生四川省人民代表大会常务委员会，

1977 年，四川人大恢复工作，同年 12 月 5 日~20 日，召开省第五届人民代表大会第一次会议。

四川人民代表大会常设机关成立，四川正式开启地方立法工作。

二是启动地方立法工作。20 世纪 80 年代，解决“有法可依”、重构地方政权机构的运行秩序和社会经济秩序，是地方立法的首要任务。四川先后出台《四川省县、社两级人民代表大会选举实施细则》《四川省土地管理暂行条例》等 19 件地方性法规，体现出了探索性强、尝试性明显的立法特征。进入 90 年代，随着中国经济建设进入“快车道”，四川立法也在中央关于地方立法允许“先行先试”政策的激励下，进入了一个相对“高产期”，基本实现了从改革之初的“立法空白”向“有法可依”的重大转变。

三是完善地方立法制度。随着立法活动的深入开展，四川逐步形成了适应时代需求的地方立法制度。其一，立法起草制度。法规草案一般由省人大常委会或政府有关部门负责起草。由省人大常委会起草的法规草案，通常是根据代表提出的议案，交由省人大常委会法制工作委员会、人大办公厅或工作委员会草拟出初稿后提交省人大常委会；由省政府主管部门起草的，由工作委员会或法制工作委员会与起草部门联系和协调；凡由有关方面提出的法规草案，应先报请省人民政府常务会议讨论通过，再由省人民政府提请省人大常委会审议。其二，立法审议制度。省人大常委会审议时要先听取提请单位的草案说明，经初步审议后交由有关委员会审议、修改。同时，把法规草案稿发给各地各部门广泛征求意见，最后由有关委员会综合意见后，向常委会提出该法规草案的审议意见和修改稿。对一些重要的或有意见分歧的法规草案,再次深入调研,召开有专家、学者参加的专门会议讨论修改。在听取各方面的意见后再提交常委会进一步审议。在审议法规草案时,认真贯彻民主集中制原则,特别注意听取不同意见。审议中,对法规或法规中的重要条款争议较大时,暂不交付表决,待进一步调查研究、修改补充,取得大多数人的一致意见后,再提请审议表决。①

1991 年召开四川省地方立法研讨会。

### (二)规范地方立法

党的十五大明确提出“依法治国,建设社会主义法治国家”治国方略。2000 年 3 月,全国人大审议通过《中华人民共和国立法法》,使我国立法体制进入了一个新阶段。“法治”代替“法制”,成为中国治国方略的一个全新标识。在一系列重大思想变革的影响下,四川立法工作顺应时代需求,立法思想、立法重点、立法方式等方面均出现重大

① 参见四川省地方志编纂委员会编纂:《四川省志·政务志》(中册),方志出版社 2000 年版,第 543 页。

转变。

一是开门立法。四川省人大常委会认真履行宪法赋予的职责，定期或不定期召开立法研讨会，为健全我国法制建设打基础做贡献。2001 年 7 月，出台《四川省地方立法听证会规则》，让地方立法公开化具有可操作性。地方政府开放立法意识得以增强。如成都市 2004 年先后出台《成都市重大行政决策事项专家咨询论证办法》和《成都市重大行政决策事项公示和听证办法》，确立了邀请专家咨询论证、向社会公示和组织听证会等制度，让更多市民参与到地方政府的决策过程中，促进了政府决策的科学化和民主化。

二是规范程序。四川先后制定了有关立法程序规定、提高地方立法质量、加强规章及规范性文件备案审查的规定、民族自治地方自治条例和单行条例报批程序等方面的法规，并充分发挥法制委员会的统一审议作用，立法质量不断提高，为立法程序的进一步完善打下了坚实基础。2001 年 2 月 13 日，《四川省人民代表大会及其常务委员会立法程序规定》审议通过，为地方立法规范化提供了制度保障。

三是重视质量。立法机制的跨越发展，让四川立法更加注重科学和质量，注重用立法引领发展。对于新制定的法规，重在程序规范、立法科学。1997 年～2011 年，先后制定地方性法规 68 件；对于已颁布的政府规章，重在改和废，修改 82 件，废止 51 件，很大程度上改善了四川地方立法结构，形成了更加科学的地方立法格局，为四川社会经济跨越发展奠定了良好基础。

### （三）推进科学立法

2012 年，党的十八大提出要推进科学立法、民主立法，完善中国特色社会主义法律体系。党的十八届四中全会明确提出要完善立法体制，深入推进科学立法、民主立法、依法立法，加强重点领域立法。四川紧扣进行伟大斗争、建设伟大工程、推进伟大事业、实现伟大梦想的时代新任务，高度重视立法工作对全面依法治省的重要作用，提出要做好与国家法律法规相配套的实施性立法，加快推进法治政府建设，要充分发挥科学立法的引领和推动作用，为推进高质量发展、深化改革开放、保障和改善民生等提供坚强法治保障。

一是构建科学立法机制。四川认真贯彻习近平总书记“以良法促进发展、保障善治”指示精神，围绕省委“一干多支、五区协同”“四向拓展、全域开放”战略部署加强重点领域立法，构建党委领导、人大主导、政府依托、各方参与的立法工作格局，建立完善立法起草、论证、审议、协调机制，建立健全项目征集、评估听证、表决审议、群众参与等制度，紧扣立法计划、立法监督等 8 个关键环节的量化考核指标开展立法工作。

二是突出科学立法重点。随着改革的全面深化，四川省地方立法工作也更好地体现了时代特点，突出服务社会和经济发展的要求，重点就财政监督、政府投资建设项目审计、房屋征收与补偿、道路交通、自主创新等方面开展了立法工作，特别是针对中国（四川）自由贸易试验区设立和现代金融业发展制定了相关条例，促进了四川西部经济高地建设。在全国率先出台《四川省农村扶贫开发条例》（2015）、《四川省公共图书馆条例》（2013）、《四川省世界遗产保护条例》（2016）等地方法规，有效促进了脱贫攻坚工作，推进了社会公共事业发展。

三是建设动态立法智库。创新推行以法治工作联系点、立法专家咨询库、立法评估协作基地为主要内容的“一点一库一基地”基层立法联系点制度，组建7个地方立法评估协作基地，就立法相关的重大、专业性问题提供咨询服务，积极提升立法的科学性和专业性。加强地方立法的机构保障、人才支撑和队伍建设，完成成都市立法权限范围调整和其他20个市（州）行使地方立法权确权工作。2019年2月19日，四川省第十三届人民代表大会常务委员会举行立法专家聘任仪式，首批聘任36名立法专家，四川立法专家库正式建立，标志着省人大科学立法、民主立法进入新阶段。

2019年2月19日，省人大常委会举行立法专家聘任仪式。

四是加强合法性审查。2015 年 1 月，出台《四川省行政决策合法性审查规定》，同年 9 月出台《省委党内法规和规范性文件合法性审查办法（试行）》，把防止与上位法相背离相抵触作为合法性审查重要内容，充分发挥备案审查作用，恪守地方性立法与上位法“不抵触”红线。党的十八大以来，四川组织开展地方性法规、政府规章、单行条例自查清理，截至 2019 年 7 月，先后清理调整地方与上位法相抵触的地方性法规 4 件，政府规章 637 件，废止 6 件，修改 24 件。

## 二、提升地方立法质量

1979 年中央赋予地方立法权之后，四川地方立法经历了从探索起步、快速发展、稳步推进到引领和推动改革的过程，地方立法质量不断提升。

### （一）加强重点领域立法

1980 年至 1990 年，制定地方性法规 47 件、修订 1 件、废止 5 件，实现了四川省地方立法从无到有，对恢复社会秩序、促进商品经济发展、推动改革开放起到了积极促进作用。

一是抓好立法机关建设。先后制定了县、乡两级人民代表大会代表选举实施细则、选举法实施办法、关于批准成都重庆两市地方性法规的办法等法规，对各级人民代表大会及其常委会的运行机制从制度上进行了规范，保障了人民代表大会及其常务委员会依法履行职责。

二是突出重点领域。作为一个传统农业大省和人口大省,土地管理和人口管理始终是政府管理重点。1980 年广汉“向阳公社”敢为天下先推开了农村改革之窗,从根本上改变了农村土地管理使用权利的性质,并成为引领全国的改革创举。随着联产承包责任制的广泛推行,土地管理中暴露出的问题亟需立法规范。1982 年,出台的《四川省土地管理条例》有效总结了改革经验,为四川改革发展提供了有力支撑。1987 年 7 月,出台的《四川省人口与计划生育条例》,成为全国最早把“一个家庭一般只生一个小孩”政策上升为地方性法规的几个省市之一,为抑制人口过快增长起到了积极作用。重点领域地方性立法的加强,为四川省社会经济发展提供了法制保障。

三是探索民族地方立法。作为多民族省份,四川尊重各民族区域自治地方立法机关在立法中的主体地位,积极支持其结合民族实际和地方特点充分行使民族区域自治地方立法权。1981 年 12 月,四川省第五届人大常委会第十三次会议就批准了《甘孜藏族自治州施行〈中华人民共和国婚姻法〉的补充规定》,这是四川省首次民族区域自治地方立法,为促进藏区婚姻家庭管理起到了积极作用。1986 年 7 月 12 日,省人大常委会批准《甘孜藏族自治州自治条例》《阿坝藏族自治州自治条例》,1987 年 7 月 2 日四川省人大常委会批准《凉山彝族自治州自治条例》。自此,四川省三个民族自治州都拥有了各自的民族区域自治地方法规。

1988年9月，四川省第七届人大常委会批准《峨边彝族自治县自治条例》，该条例是四川省三个民族自治州自治条例颁布以后，产生的首个民族自治县自治条例。

### （二）推进精细立法

1991年至2000年，由于改革开放和经济建设的迫切需要，加之中央允许地方立法“先行先试”，四川立法进入“快车道”，共新制定地方性法规126件，修订32件，废止14件。

一是注重社会事务立法。四川紧紧围绕党的十四大提出的建立社会主义市场经济体制的改革目标，更加注重对社会事务管理的规范，立法工作涉及农业农村、环境资源、社会建设、文化卫生、监察司法、教育科学等方面，特别是大量创制性地方法规的制定，解决了上位法无明确规定而地方社会经济亟需规范的现实情况，让四川基本实现了从改革之初的“立法空白”向“有法可依”的重大转变，为四川经济发展提供了法治支撑。先后制定妇女权益保障、残疾人保障等方面的实施办法，制定殡葬管理和公墓管理方面的条例，创制性出台宗教事务条例。这一时期还针对防震减灾、消防管理、劳动安全、邮电通信、公路养路费管理等方面开展地方立法，为更好规范和促进社会管理提供了有力的法律支撑。

二是突出经济领域立法。这一时期，四川立法重点向着为建立和完善社会主义市场经济体制提供法律支撑转变，相继制定出台了一大批涉及民商关系、规范政府行为的法规规章。先后制定了反不正当竞争条例、产品质量监督管理条例等62件实施性法规，以及企业负担监督管理、商品交易市场管理、开发区管理等20件创制性法规。开发区管理条例、反不正当竞争条例、鼓励外商投资条例、个体工商户条例、私营企业条例等地方法规的出台，进一步规范了地方经济发展，激发了多种经济成分的生机与活力，实现了社会主义商品经济向社会主义市场经济的顺利过渡，并让社会主义市场经济体制的进一步完善。

三是重视社会法制建设。这一段时期，监察司法类的立法活动明显增加，创制性开展立法，出台《四川省暂住人口治安管理条例》《四川省保护和奖励见义勇为条例》，同时根据地方社会管理中出现的新问题、新矛盾，先后出台了《四川省禁毒条例》《四川省查禁卖淫嫖娼活动的规定》《四川省收容遣送条例》等地方法规，增强了对新出现违法犯罪活动及社会矛盾的处置力度，而《四川省基层法律服务条例》《四川省涉案财物价格鉴定管理条例》《四川省律师履行职务的若干规定》等地方法规的出台，有力促进了司法公正，维护了社会和谐稳定。

### （三）彰显民主立法

党的十七大报告提出“全面落实依法治国基本方略，加快建设社会主义法治国家”和“坚持科学立法、民主立法，完善中国特色社会主义法律体系”的法治建设总要求。

2003年,第十届全国人民代表大会常务委员会第一次会议提出"实现一个目标,突出一个重点"①的立法思路。随着改革开放和社会经济建设不断发展,更多的社会关系亟需纳入法治轨道。四川突出抓重点、抓难点、抓质量、抓特色,实现了立法的质与量并重,2001年至2011年共制定地方性法规74件,修订90件,废止47件,修改79件,废止13件。

一是抓重点,突出市场经济立法。坚决贯彻科学发展观和依法治国基本方略,重点加强促进改革开放、经济发展方面的立法,先后制定经济建设类法规19件。特别是针对日益蓬勃的建筑行业,先后出台建设工程勘察设计管理、国家投资工程建设项目招标投标、劳动力市场管理等方面法规,对建筑行业所涉及的相关事项进行了规范。制定了企业技术创新、著名商标认定和保护等促进创新发展的规定。针对日益突出的安全问题,开展了安全生产、水上交通安全、港口管理以及公路法实施等方面立法,促进了地方经济有序发展。

二是抓难点,强化社会矛盾化解。加强地方性立法规划,有步骤有计划地开展针对性立法。2003年出台的《四川省城市房屋拆迁补偿评估管理办法》和2014年出台的《四川省城市房屋拆迁管理条例》,使城市房屋拆迁和补偿更加规范。2009年批准的《阿坝藏族羌族自治州突发事件应对条例》《成都市城乡规划条例》,通过立法对当地发展

① 一个目标:争取在本届全国人大及其常委会的五年任期内,基本形成中国特色社会主义法律体系;一个重点:提高立法质量。

中出现的突出问题进行了规范,有效促进了社会和谐。

三是抓质量,规范民主立法程序。四川开始注重规范立法程序、改进立法技术、探索开门立法、提升立法质量,先后制定省人大常委会关于政府规章备案审查的规定、各级人民代表大会常务委员会评议工作条例等,充分发挥法制委员会的统一审议作用,立法程序和技术更加规范,立法质量不断提高。2001 年 2 月,出台的《四川省人大及其常委会立法程序规定》,确定地方立法“三审制”。① 2002 年 5 月 28 日召开的四川省九届人大常委会第二十九次会议首次按照规定邀请 10 名公民旁听。2004 年 6 月,出台《四川省人民代表大会常务委员会关于提高地方立法质量有关事

2010 年 10 月 27 日,四川省人民政府法制办公室举行《四川突发事件应对办法(草案)》立法听证会。

① 地方立法“三审制”:《四川省人民代表大会及其常务委员会立法程序规定》第 18 条规定:“列入常务委员会会议议程的地方性法规案,一般应当经三次常务委员会会议审议后再交付表决。”

项的决定》，进一步规范了常委会组成人员三次审议制度，民主立法开始提上常委会议事日程。2003 年 3 月，省政府举行首次立法听证会，就《四川省城市房屋拆迁补偿评估管理办法（草案）》，听取社会各界人士的意见，同年 11 月，省政府首次在全省范围内向广大公民、法人、其他社会组织公开征集 2004 年省政府立法项目。政府立法工作正式进入了一个流程更加公开、民意更加广泛的新阶段。

四是抓特色，凸显四川地方亮点。四川作为一个旅游大省，较早就开始通过立法规范和引导旅游市场发展。2004 年出台的《四川省阆中古城保护条例》为古城保护提供了法律依据，不仅古城的管理和发展发挥了重要作用，而且使阆中一跃成为四川著名风景名胜区。通过深入调研，2006 年 9 月出台《四川省旅游条例》，这是在全国率先制定的、具有鲜明地方特色的省级综合性地方旅游法规。在地方法规护航下，四川省旅游蓬勃发展，实现了旅游人数和收入的巨大增长。仅 2017 年，来川游客总人数达 6.7 亿人次，旅游总收入达 8923.06 亿元，相较 2003 年增加 21 倍。2008 年“5·12”汶川特大地震发生 9 天后，省人大常委会即批准《北川羌族自治县非物质文化遗产保护条例》，为保护羌族的非物质文化起到了重要作用，并推动国家于 2011 年 6 月 1 日颁布实施了《中华人民共和国非物质文化遗产保护法》。2010 年批准的《阿坝藏族羌族自治州突发事件应对条例》，是全国各民族自治地方以立法手段应对突发事件的首次有益探索，体现出鲜明的“四川特色”。

### （四）推进良法之治

2013年，出台《四川省依法治省纲要》，对推进科学立法、民主立法、依法立法作出要求，推进良法善治，成为四川立法工作的遵循。在此阶段，四川紧紧围绕党中央“四个全面”战略布局，重点突出保障和服务四川经济社会高质量发展，坚持立法规范先行、依法有序推进、突出地方特色、解决实际问题，确保重大改革于法有据。2012年至2019年9月，共完成立法项目196件，其中地方性法规草案88件，省政府规章108件。

一是更加注重先行先试和改革创新。紧扣时代脉搏，更加注重为先行先试、改革创新提供法治支撑，先后出台《四川省人民代表大会常务委员会关于加快实施创新驱动发展战略的决定》《中国（四川）自由贸易试验区条例》《四川省高速铁路安全管理规定》《成都国家自主创新示范区条例》等创制性条例8件，修改《四川省科学技术进步条例》《四川省促进科技成果转化条例》，有力促进了创新型社会建设。2012年，制定的《阿坝藏族羌族自治州教育条例》，根据本地少数民族教育发展需要，“实行十五年义务教育，建立义务教育保障机制”，成为全国首个通过立法明确实行15年义务教育的民族自治地方。

二是更加注重把握大局和破解难题。紧紧围绕治蜀兴川战略部署，主动适应四川经济由高速增长阶段转向高质量发展阶段新要求，在保持立法速度的同时，抓住脱贫攻坚、环境保护、放管服改革、政府行政权力监督、营商环境打造等重点难题开展立法活动，坚持以良法促进发展、保障善治。先后制定修改农村扶贫开发、农村公路、农村能源、农作物种子管理等条例，制定沱江流域水环境保护条例，修改环境保护条例、城市园林绿化条例，废止了阻碍市场发展的私营企业、著名商标认定和保护、商品交易市场管理等条例，有力促进了“一干多支、五区协同”区域发展新格局。

三是更加注重开门立法和技术创新。2014 年起，开始构建和完善专家评估、咨询等机制，全面提升立法专业化水平，与在川科研院所合作建立立法评估和协作基地，为立法相关重大、专业性问题提供咨询服务，使立法科学性、专业能力显著提升。2014 年，《成都市烟花爆竹燃放安全管理规定》首次采取听证过程网络直播方式，平台访问互动达 2.6 万人次，让广大群众广泛参与立法活动。2016 年 1 月

2016 年 1 月，省委第十二届人民代表大会第四次会议通过《四川省人民代表大会及其常务委员会立法条例》。图为会议现场。

出台的《四川省人民代表大会及其常务委员会立法条例》，进一步完善了法规草案审议机制，健全了报批法规审查规则，规范了备案审查工作，为四川依法立法、科学立法、民主立法提供了制度保障。

四是更加注重地方立法和协调发展。2015 年 3 月，《中华人民共和国立法法》修改，四川按照“积极稳妥、依法开展”“成熟一个、批准一个”的原则，逐步放宽地方立法到市州一级。2016 年 7 月，21 个市州全部行使地方立法权，开始了破解困扰地方的环境保护、历史保护、城乡管理等紧迫性和特殊性的地方性难题。2017 年 12 月 26 日，通过的《绵阳市水污染防治条例（草案）》，成为四川省首部关于水污染防治的地方性法规。

五是始终坚持与时俱进立良法促善治。经过 40 年发展，四川省地方立法理念发生了深刻转变。

其一，指导思想和立法模式深刻变化。改革开放之初，四川地方立法采取“摸着石头过河”的模式，成熟一个制定一个，以适应经济社会发展需要。随着改革开放的不断深入，四川地方立法主动适应“法制”到“法治”、“法治国家”到“法治中国”、“依法治国”到“全面依法治国”的转变，积极适应形势，调整自身角色，把过去“立法总是跟着改革走，主要是总结改革经验，实现有法可依”的习惯思维转变到更加重视顶层设计和制度创新，更加重视立法质量，在法治轨道上全面深化改革，依法推进国家治理体系和治理能力的现代化。坚持和服从全面依法治国总体要求，用法治思维统领地方立法，通过制定地方性法规，与国家的法律法规相配套，不断夯实治蜀兴川法治根基，为法治中国建设贡献四川力量，实现了党的领导、人民当家做主和依法治国有机统一。

其二，人大主导立法的作用逐步增强。省人大常委会在立法项目的论证和立法规划、计划制定上，强化人大主导地位，逐步变“等菜上桌”为“点菜上桌”。持续提升年度立法计划的刚性作用，督促有关部门及时报送法规项目并按规定程序将法规案提交省人大常委会审议；省人大法工委每年底向省人大常委会主任会议报告立法计划执行情况，对于未按计划在当年内提请审议的，要求有关方面说明情

2018 年 9 月 11 日，部分全国人大代表、省人大代表视察调研都江堰灌区毗河供水一期工程。

况，确保立法计划得到有效执行。强化组织协调，变政府部门、人大有关专委会和法制委、法工委各管一段的“接力赛

跑”为各方参与的“长跑”，共同参与调研、起草等立法活动。积极探索由省人大牵头组织起草综合性、全局性、基础性法规案和委托起草法规案。近年来，酒类管理条例、电信设施建设保护条例、预算审查监督条例、乡村振兴促进条例等一批法规草案由省人大有关方面牵头起草的数量较以往有大幅增加。

其三，政协立法协商的作用不断凸显。省政协专门组建了立法协商专家组，专门对地方性法规、政府规章草案进行立法协商，及时提出修改意见和建议，为地方立法提供广泛民意基础。通过一般立法协商案专家组成员协商、重要立法协商案座谈会协商、专题立法协商案协商调研等形式，重点对改革、经济、民生、环保等方面的立法开展立法协商，为《四川省消防条例》《四川省行政执法监督条例》《四川省城乡规划条例》《四川省就业创业促进条例》《四川省〈中华人民共和国大气污染防治法〉实施办法（修订）》等地方立法提供了有力支持。截至 2019 年 8 月，省政协社法委立法协商专家组成员对《四川省规范行政执法裁量权规定（草案）》《四川省灰霾污染防治办法（草案代拟稿）》等 91 份法规草案共提出修改意见建议 1400 余条。

其四，科学民主依法立法有力推进。加强科学立法，依托“一点一库一基地”，搭建科学立法平台。确定包括县级人大常委会、乡镇（街道办）、基层法院等 17 个单位为基层立法联系点，建立常委会统一管理、全省共享、涵盖各个领域的立法专家库组成地方立法评估协作基地，推进省、市、县三级人大联动，整合社会立法资源，优化立法要素配置，发挥基层人大、科研院所和专家优势，提高立法质量。适应新形势新要求，抓好立改废工作，40 年来废止 79 件、修改 113 件 192 次，着重解决与上位法不一致、与全面深化改革不适应、与社会发展不协调等问题。加强民主立法，坚持开门立法。2001 年 7 月 3 日，出台《四川省地方立法听证会规则》。同年 10 月，《四川省世界遗产保护条例》立法听证会成为立法听证规则施行后的首例听证会，吸引了来自公民

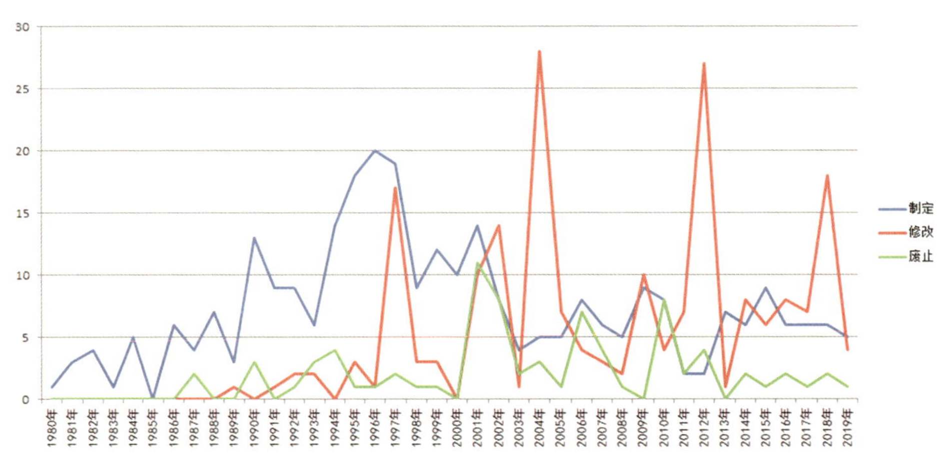

改革开放以来，四川地方法规立改废情况。

和媒体的众多目光。2005 年出台的《四川省人民代表大会常务委员会公开征集地方立法选题和立法建议办法》《四川省地方性法规草案公开征求意见办法》，要求通过新闻媒体向社会公开征集地方立法选题和立法建议，通过新闻媒体公开征求意见，进一步加大了开门立法和科学立法力度。

六是始终坚持结合实际，突出四川特色。40 年来，四川省地方立法工作深深植根于省情和实践的土壤，根据全

省经济社会发展、地理资源、历史传统、法治环境、人文背景、民情风俗等特点，坚持“小而精”“小而特”的精细化立法，注重解决具体问题，切实体现四川特色，一些地方性法规在全国具有开创性。

其一，在环境保护方面，1997年6月出台的《四川省都江堰水利工程管理条例》，作为全国第一个为单一水利工程立法的法规，为千年古堰都江堰水利工程的安全运行和保护利用提供了法治保障，充分体现了四川立法的地方特色。同年6月出台的《凉山彝族自治州邛海保护条例》，是全国少数民族地方关于生态和环境保护方面的首个单行条例。

其二，在城乡建设方面，2011年7月出台的《四川省城乡环境综合治理条例》，在全国第一次将城市和乡村的风貌整治和环境卫生一起规范一并治理，是四川民主立法、开门立法的典范，对推动全省城乡环境整治，美化城乡环境发挥了重要作用。2013年出台的《四川省村镇供水条例》，第一次将农村居民的饮水用水纳入了法治轨道，为保护农村用水安全和居民身体健康，加强农村水资源的保护和利用，化解相关矛盾和问题提供了法治保障。2017年3月出台的《成都市城市轨道交通管理条例》，引领和保障成都市轨道交通加速成网、促进投资、刺激轨道沿线经济活力、便利市民生活等方面取得了成效。

其三，在政务服务方面，2013年出台的《四川省政务服务条例》，是全国首部政务服务条例，巩固了行政审批制度改革成果，为转变政府职能，促进政务服务制度化、规范化，推进法治政府、服务型政府的建设提供了法治保障。

其四，在民生保障方面，《四川省农村扶贫开发条例》是全国第一部贯穿精准扶贫精准脱贫理念的地方性立法，填补了扶贫开发地方立法的空白，“立”出了四川特色。2017 年 4 月出台的《雅安市新村聚居点管理条例》，为巩固提升“4·20”芦山地震灾后重建成果，规范新村聚居点管理，加强农村社区和幸福美丽新村建设发挥了重要作用。

七是始终坚持内部建设，提升立法能力。通过多年积累，四川立法队伍建设、立法技术、立法质量方面有了长足进步。四川省人大常委会由 20 世纪 80 年代初期仅有的法制工作室发展到现在的法制委、法工委和“五处一室”，人员由最初的几人增加到现在的 20 余人，形成了一支专业化的法制工作队伍，有效提升了立法服务专业能力；市（州）获得立法权后，先后成立了法制委、法工委，设立了法制委办公室、法规科、备案审查科，人员配备得到加强，广安、雅安还分别成立了地方立法研究中心，地方立法工作开始从一般化立法向专业化转变。

40 年来在立法工作中的经验和做法，不仅有力促进了地方社会和经济发展，推进了改革开放的深入，同时也受到中央高度认可，向中央“党的十九大全面依法治国重大课题调研组”提供的科学立法、民主立法、依法立法等经验做法，被吸收进党的十九大报告，为全国立法工作提供了四川经验和四川智慧。

## 三、宪法法律法规实施与监督

### （一）认真组织宪法宣誓

宪法宣誓制度于2015年设立，明确要求各级人大及县级以上各级人大常委会选举或者决定任命的国家工作人员应当公开进行宪法宣誓。2018年3月通过的宪法修正案将宪法宣誓制度上升到宪法层面，这一重要修改充分体现了以习近平同志为核心的党中央坚持依法治国、维护宪法权威的决心。

一是建章立制，确保宪法宣誓制度规范实施。为认真贯彻落实好宪法宣誓制度，2015年12月出台《四川省宪法宣誓制度实施办法》，对宪法宣誓的人员范围、誓词、仪式组织程序等进行细化。2017年10月印发《四川省人民政府及其各部门任命的国家工作人员宪法宣誓实施方案》，明确省政府任命的国家工作人员及省政府各部门担任领导职务的国家工作人员，应在任命后进行宪法宣誓。

二是认真组织，确保宪法宣誓制度广泛实施。2016年1月，省人民代表大会首次举行宪法宣誓仪式。2017年12月4日，组织当年以来省政府任命的52名国家工作人员依法进行宪法宣誓。2018年10月，组织201名省人大及其常委会选举、任命、决定任命或者表决通过的国家工作人员宪法宣誓。2018年12月5日，省政府任命的95名国家工作人员依法进行宪法宣誓。这一天，全省各地政府部门也分别组织宪法宣誓，通过庄重的仪式感，让宪法精神、宪法规定转化为广大公务人员心中沉甸甸的责任感，进一步让公务人员增强尊重宪法权威、按宪法规则办事、弘扬宪法精神的思想认识。

2018年12月5日，四川省人民政府举行宪法宣誓仪式。省委副书记、省长尹力监誓。

## （二）广泛开展宪法法律宣传

一是深入开展宪法宣传。中华人民共和国成立之初，四川组织广大群众对新中国第一部宪法草案进行广泛讨论，并向中央提出了若干宝贵意见，为新中国法治建设做出了积极贡献。改革开放以来，四川高度重视宪法在民主与法制建设中的重要地位和作用，通过报纸、杂志、广播、电视等渠道，对《八二宪法》进行广泛宣传，为强化人民群众民主法制意识起到了积极作用。2014年，国家将每年12月

2019 年 4 月 3 日“宪法法律进高校”活动启动仪式在四川师范大学举行。

4 日确定为“国家宪法日”，各地各部门通过组织宣传小分队、张贴招贴画、组织宪法知识竞赛、创作宪法宣传视频和歌曲、举办主题文艺汇演等多种方式上街头、入社区、进机关、进校园，营造了良好的宪法宣传氛围，在人民群众中牢固树立了“宪法是国家根本大法”理念。2018 年 12 月国家第一个“宪法宣传周”，通过开展宪法宣讲、宪法晨读、知识竞赛、法治文艺演出等形式开展集中宣传。先后开展专题学习会、座谈会、讲座 2700 余场（次），学校晨读活动 3.3 万余场（次），走村入户宣传活动 5.3 万余场（次）。2019 年，在全省 126 所高校全面开展以“弘扬宪法精神，建设法治校园”为主题的宪法法律进高校活动，进一步将宪法宣传活动推向了深入。

二是扎实开展“法律七进”。“法律七进”是四川在多年法律常识普及工作中逐步提炼总结并形成的突出亮点。1985 年 2 月，省六届人大常委会作出了《关于在全省公民中普及法律常识的决议》，决定用五年时间在全省公民中广泛开展以宪法为核心的社会主义法律体系宣传，普及法律常识。此后，四川持续深入开展有计划的普法工作，每5年出台一个普法规划，连续制定出台七个普法“五年规划”。“六五”普法以来，将寺庙宗教场所纳入普法宣传范围，形成了独具四川特色的“法律七进”工作体系。通过持续法治宣传教育，广大群众法律意识与法律素质大幅度提高，全社会法治观念持续增强，为治蜀兴川营造了浓厚法治氛围。

### （三）推动各级领导学法用法

一是完善领导干部学法用法守法制度。2017年12月出台《四川省完善国家工作人员学法用法制度的实施意见》，明确了健全完善领导干部带头学法制度、健全完善日常学法制度、加强法治培训、坚持依法决策、严格依法履职、完善考核评估机制等六个方面的重点任务。通过落实重大决策终身责任追究制度及责任倒查机制、推动开展法治实践等举措，完善领导干部学法用法守法机制。

二是抓实领导干部带头学法制度。突出抓好党委（党组）中心组学法和领导干部会前学法，以及人大、政协等国家工作人员定期学法制度，突出领导干部这个“关键少数”，突出重大决策遵循法律这个“基本底线”，坚持重大决策前专题学法，凡是涉及经济发展、社会稳定和人民群众切身利益等重大问题，决策前应先行学习相关法律法规。通过建立领导干部学法考勤、学法档案、学法情况通报等制度，营造尊法学法守法用法浓厚氛围。

三是突出领导干部履行法治第一责任。2015 年出台《关于抓住领导干部"关键少数"全面深入推进依法治省工作落实的意见》，2016 年 12 月出台《四川省党政主要负责人履行推进法治建设第一责任人职责规定实施办法》，突出各级党委（党组）书记在履行法治建设中的第一责任，强化领导干部对尊法守法用法的重视程度，树立法治理念，主动增强法治能力，养成法治行为和法治方式，推动政府治理体系和治理能力建设，切实让宪法、法律的生命在领导干部带头尊法守法用法中得以体现。

### （四）加强地方立法评估审查

习近平总书记强调，完善宪法监督制度，积极稳妥推进合宪性审查工作，加强备案审查制度和能力建设，依法撤销和纠正违宪违法的规范性文件，维护宪法权威。四川省将地方立法评估审查作为维护宪法权威的重要方面，开展了相关工作。

一是强化备案审查，积极确保决策合法。自四川省第五届人大启动地方立法工作以来，积极强化合法性审查，形成了运行稳定的审查机制。仅 2018 年，对省委、省政府 237 件文件进行合法性审查，进一步提高决策合法性。同年，对市（州）政府 8 件规章、407 件规范性文件进行备案审查。公民、法人向省政府提出规范性文件审查申请 19 件，均依法进行审查并回复;向国务院、省人大常委会报备规章 4 件,向省人大常委会报备规范性文件 123 件。2017 年,出台《四川省行政规范性文件管理办法》,明确在制定涉及市场主体经济活动的规范性文件时需进行公平竞争审查。

二是开展专项清理,着力维护法制统一。根据全面深化改革、经济社会发展需要,以及上位法制定、修改、废止情况,及时清理有关规章和规范性文件。2018 年共组织开展涉及著(知)名商标、产权保护、生态文明建设和环境保护、民营经济发展等 4 个方面的专项清理,清理规章和规范性文件 1658 件,废止 1103 件,修改 128 件,拟废止 188 件,拟修订 239 件。

# 第四部分　加快推进法治政府建设

**摘要**：建设法治政府是全面推进依法治国的重点任务和主体工程。四川全面加快法治政府建设，全面依法履职，健全依法决策机制，严格规范公正文明执法，不断增强政府公信力和执行力，坚持法定职责必须为、法无授权不可为，突出“简政放权、放管结合、优化服务”主线，全面推进政府“权力清单、责任清单、负面清单”，划定政府与市场、企业、社会的权责边界，统筹抓好履职尽责、依法决策、严格执法、政务公开、行政监督五件大事，按照“一枚印章管审批”“一支队伍管执法”的总体改革目标，加快建设职能科学、权责法定、执法严明、公开公正、廉洁高效、守法诚信的法治政府。

## 一、推进政府职能转变

中华人民共和国成立以后，四川省级政府从 1949 年 12 月 3 日建立，到 1987 年 10 月，经历了军事管委会、人民行政公署、人民政府、人民委员会和人民政府 6 个阶段的发展变化。

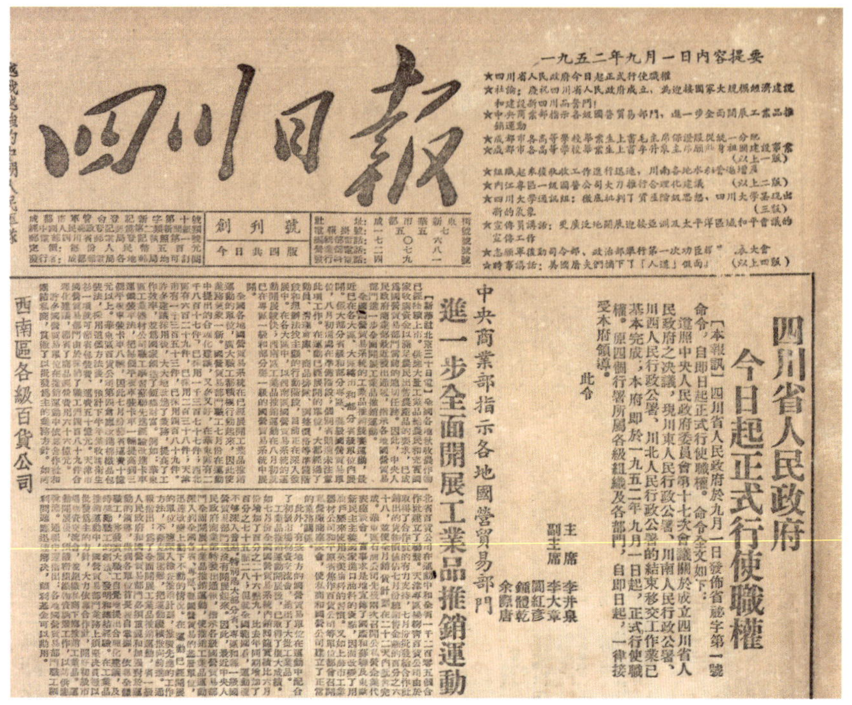
四川日報

創刊號

一九五二年九月一日内容提要

四川省人民政府今日起正式行使職權

〔本報訊〕四川省人民政府於九月一日發佈省聽字第一號命令，自即日起正式行使職權。命令全文如下：

遵照中央人民政府委員會第十七次會議關於成立四川省人民政府之決議，現川東人民行政公署、川南人民行政公署、川西人民行政公署、川北人民行政公署的結束移交工作業已基本完成；本府即於一九五二年九月一日起，正式行使職權。原四個行署所屬各級組織及各部門，自即日起，一律接受本府領導。

此令

主席 李井泉

副主席 李大章 閻紅彥 鍾體乾 余際唐

中央商業部指示各地國營貿易部門

進一步全面開展工業品推銷運動

西南區各級百貨公司

1952 年 9 月 1 日，四川省人民政府成立。图为《四川日报》新闻报道。

## （一）简政放权

一是持续推进政府机构改革。1980 年 4 月，广汉县向阳乡率先摘掉向阳人民公社的牌子，成为全国最早改变政社合一的人民公社体制，实行党政分工、政企分开新体制的乡，至 1984 年人民公社全部被基层乡镇政权所取代。1984 年启动农村第二步改革，取消农产品统购、派购，进行产业结构调整。1985 年 8 月，印发《关于加强省级经济部门行业管理职能的通知》，推进省级经济部门从部门管理向行业管理，从直接管理企业的生产经营活动向对全行业的统筹、协调、服务和监督的转变。1986 年，在自贡启动机构改革试点，减少管理层次，精简机构人员，推进党政分开、政企分开、权力下放、搞活企业。1988 年 4 月，省级政府工作部门由 88 个减少为 40 个。1988 年到 1995 年，相继开展三次大范围机构改革，进一步淡化政府微观管理职能。1996 年 5 月 31 日，国内第一家省级法律援助机构——四川省法律援助中心在成都成立，标志着政府开始注重自身社会服务功能发挥。

1980 年 4 月，广汉县向阳乡率先摘掉向阳人民公社的牌子，推开了农村改革之窗。

二是注重加强制度建设。1983 年 6 月，出台《四川省人民政府关于地方经济法规性文件起草送审程序的试行办法》，为依法行政奠定法制基础。1988 年 8 月成立专职负责省政府法制行政工作的省政府法制局，成为政府决策的重要法制参谋和助手。1989 年出台《四川省人民政府制定规章和起草地方性法规草案程序规定》，规范政府规章的起草、审定、公布，强化对政府依法管理行为的约束。1989 年出台《四川省行政执法程序暂行规定》，1994 年出台《四川省行政执法规定》，进一步规范行政执法，促进依法行政和廉洁行政。

### （二）着力推进依法行政

一是明确依法行政目标。1997 年印发《四川省人民政府关于全面推进依法行政的决定》,强化各级政府依法决策、依法管理、依法行政的职能,推进政府各项工作在法治轨道上健康运行。1999年8月,召开全省依法行政工作会议,对全面推进依法行政工作作出部署。2003年出台《四川省人民政府全面推进依法行政五年规划(2004—2008年)》,进一步明确了依法行政中远期建设目标。2008年出台《关于加强机关行政效能建设的决定》,深化行政审批制度改革,加强机关行政效能,提高机关行政效率和质量,建设服务政府、责任政府、法治政府。

二是积极推动执法机制改革。大力开展以简政放权、强化服务为主的职能改革。1998年,行政机构改革核心任务是消除政企不分的组织基础,几乎撤销了所有工业专业经济部门;2003年,推进职能转变,建设行为规范、运转协调、公正透明、廉洁高效的政府;2008年,加强和改善宏观调控,保障和改善民生,进一步理顺职责关系。

三是加快建设服务型政府。2001年10月,四川省政务服务中心正式运行。2006年起,将省政府规章全文翻译成英文。2006年出台《四川省政务公开规定》和《四川省政务服务监督管理办法》,进一步规范了政务服务活动。2007年5月出台《四川省人民政府关于加强城镇住房保障制度建设的意见》,在全国率先推出住房保障制度建设措施。2008年1月,成都率先建立耕地保护基金制度,成为全国第一个对农民保护耕地给予经济补贴的城市。2011年5月,出台《四川省人民政府关于加强法治政府建设实施意见》,对法治政府建设进行系统安排部署。

（三）加快法治政府建设

一是构建法治政府“四梁八柱”。2011 年 5 月，出台《四川省人民政府关于加强法治政府建设实施意见》，对法治政府建设进行系统安排部署。加强组织领导，成立由省长担任组长的政府依法行政工作领导小组，并充实领导小组成员单位，强化一把手责任，建立部门间协调联动机制。2013 年 3 月，出台《四川省人民政府严格依法行政的规定》，明确指出要把严格依法行政作为履行职责的基本准则和自身建设的重要内容，突出做好“在法定权限内行权”“按照法定程序行使权力”“自觉接受各方面监督”等十个方面的工作。2014 年 6 月，出台《四川省人民政府关于推进依法治省、加快法治政府建设的意见》，要求进一步严格依法行政，加快推进法治政府建设。2016 年 10 月，出台《四川省法治政府建设实施方案（2016—2020 年）》，明确了推进法治政府建设的具体举措、责任分工、目标要求等，绘制出我省法治政府建设的路线和蓝图。2018 年 10 月，印发《四川省机构改革方案》，2019 年 3 月 29 日，全省机构改革任务顺利完成，调整成立“四川省推进政府职能转变和‘放管服’改革暨政务公开协调小组”，进一步强化对政府职能转变的组织领导。协同推进综合行政执法改革和事业单位改革，将原由 33 个事业单位承担的行政职责全部划回行政机关。2005 年，开展营商环境法治专项督察积极建立智库，借用社会智力资源，鼓励社会团体参与相关研究，

《四川法治政府蓝皮书》《四川法治发展报告》《新时代治蜀兴川系列研究》丛书等一系列研究工作的开展，有效推动政府治理能力提升。

2019 年 7 月 26 日，四川省深化机构改革总结会议在成都召开。省委书记、省人大常委会主任彭清华出席会议并讲话。

二是扎实推进“放管服”改革。2017 年，四川省第十一次党代会和四川省委十一届二次全会作出部署，深入推进“放管服”改革，持续优化营商环境，坚持把改革的突破点逼近离市场、群众最近的地方。同年 12 月，覆盖 64 个省级部门、21 个市（州）、183 个县（市、区）的四川政务服务网正式开通上线，开启了全省“互联网+政务服务”。2018 年出台《关于印发加快推进“最多跑一次”改革工作方案》《四川省深入推进审批服务便民化工作方案》，为规范省市县三级政务服务事项提供了办事指南。2019 年 6 月，全面取消企业银行账户许可，减少企业开户环节，缩短开户时间。同年，出台《四川省深化“放管服”改革优化营商环境行动计划(2019—2020年)》，配套印发政务服务对标、提升营商环境法治化水平、减证便民、规范行政审批中介服务、“一网通办”五个专项行动方案。2008年，四川省成都市武侯区成立全国首个行政审批局，2017年10月开启对31个试点县设立行政审批局以来，坚持以设立行政审批局为抓手，推行“一枚印章管审批”，全省4个市(州)和167个县(市、区)设立了行政审批局，极大提升行政审批效率和便民度。2018年以来，开展对自行设定的证明事项全面清理检查，共清理22项，拟保留7项，取消5项。自2015年对成都市武侯区、新津县等开展行政许可改革试点以来，全省行政许可事项精减至670项，非行政许可审批全部取消。截至目前，省级“最多跑一次”事项占比达96.8%，行政审批平均提速50%，98.8%的企业投资项目实现“不见面、不跑路、全网办”。

2017年12月1日，“四川政务服务网”正式开通上线。

## 二、严格规范公正文明执法

### （一）深化行政执法体制改革

一是深化行政审批制度改革。2013 年出台《四川省人民政府关于进一步深化行政审批制度改革的意见》，对精简审批项目、优化审批流程、完善政务服务体系、推行公共资源交易服务标准化等作出了明确规定。2017 年 12 月，决定首批向中国（四川）自由贸易试验区下放或委托实施 33 项省级管理事项，以释放自贸试验区在自主决策、制度创新、探索实践等方面的空间和活力。通过先后三次修订投资项目核准目录，省级层面及以上核准事项累计减少 70%，95%左右的企业投资项目实行备案制管理，省、市、县三级办理的项目比例分别为 1%、7%、92%，绝大部分项目在属地即可办理相关手续。2015 年和 2018 年，先后两次修订《四川省定价目录》，实现目录外无政府定价权，共取消、停征和免征行政事业性收费和政府性基金 178 项，省级设立行政事业性收费项目仅 2 项，大幅低于全国平均水平，当前全省 98%以上商品和服务价格已由市场定价。2016 年，在全省推广“先照后证”，改前置审批为后置监管。2017 年 9 月，全省全面实施“多证合一”“一照一码”改革，启动实施“20 证合一”，2018 年实现“33 证合一”。

二是理清“三张清单”。其一，积极落实国务院工作要求，按照“权力取消、权力下放、权力整合”三项原则，每年公布省、市、县三级行政权力清单。对行政审批、行政处罚等8大类行政权力事项进行了认真清理，并将清理后的行政权力事项全部纳入行政权力运行平台职权目录，向社会公开。2015年，省级行政权力事项从清理优化前的7194项减少到5248项，减少27.1%。其二，2016年起每年公布省直部门行政权力责任清单，明确各部门行政职权数量和项目，划清相关部门履职的权力和责任边界，公众可以对照清单办理相关事项，强化部门履职尽责。其三，2014年在天府新区成都片区、成都市高新区、成都市龙泉驿区推行负面清单管理制度，以清单方式明确列出禁止和限制企业投资经营的行业、领域、业务等，清单以外则充分开放。对照负面清单，逐步制定并公示各级政府许可清单，建立了公开、透明的行政权力运行标准和流程，确保“一单尽列，单外无单”，建设服务型政府。外商投资企业新设及变更审批发证事项由2015年的815个锐减为2018年的14个。2017年6月，四川首批国家重点生态功能区产业准入负面清单出台，对42个县(市)实行产业准入负面清单。2019年8月，出台《四川省长江经济带发展负面清单实施细则(试行)》，对长江经济带发展实行负面清单管控。

三是整合执法职能和机构。2015年印发《关于开展综合行政执法体制改革试点工作的指导意见》，在8个市(州)启动综合行政执法体制改革工作，其中，确定成都市、攀枝花市、泸州市等7个市(州)列为全国综合行政执法体制改革试点地区，确定德阳市为省级综合行政执法体制改革试点地区。开展对职能相近、执法内容相近、执法方式相同的部门进行机构和职能整合，切实改变多头执法、重复执法的情况。截至2019年9月，全省有2个市州和161个区县设置了综合行政执法局，实现了“一支队伍管执法”。启动行政执法与司法衔接工作平台，积极整合行政执法和司法执法资源，形成打击合力，实现依法行政、公正执法。

2019年2月27日，崇州市综合行政执法局正式挂牌。

四是强化行政执法责任。2005年5月，省政府印发《四川省落实行政执法责任制全面推进依法行政考核办法》，将落实行政执法责任制全面推进依法行政工作开展情况纳入考核，对各级政府和各部门开展行政执法工作实施量化考核。2016年9月，省政府印发《四川省重大行政决策责任追究暂行办法》，明确县级以上地方人民政府重大行政决策如果没有按照法定权限、程序、时限决策，或者造成重大损失、恶劣影响，将按规定追究行政首长、负有责任的其他领导人员及相关责任人员的责任。

### （二）建立健全行政执法风险评估机制

2005年，四川在全国率先创立社会稳定风险评估机制,从源头上预防和化解了大量社会矛盾,工作经验在全国推广。2010年,四川出台了全国第一个风险评估地方性政府规章《四川省社会稳定风险评估暂行办法》,2013年又出台第一个风险评估地方党内规章《四川省社会稳定风险评估责任追究暂行办法》,从源头上预防和化解社会矛盾。2019年6月,省政府印发《四川省深化“放管服”改革优化营商环境行动计划(2019—2020年)》,规范行政审批和监管行为,建立“互联网+监管”事项清单,建成“互联网+监管”系统,联通各地各部门(单位)监管业务系统,实现协同监管、重点监管、风险预警提供大数据支撑,运用三方评估、问卷调查等方式,多层次、多维度反映各地各部门开展政务服务对标行动的进展和成效,确保评价评估结果的客观性、真实性、准确性。

### (三)提升政务服务能力

一是整合政务服务资源。2001年,四川省政务服务中心正式运行,在全面建设市县一级政务服务中心的基础上,2009年,省政府办公厅转发省政务服务中心《关于乡镇(街道)便民服务中心建设实施意见的通知》,将17项服务事项纳入乡镇(街道)便民服务中心,正式启动了覆盖省、市(州)、县(市、区)、乡镇(街道)、村(社区)五级政务服务体系最后一个层级的建设工作。2014年,省政务服务中心成为全国首个开展政务服务标准化国家级试点并通过验收的省级政务服务中心。2018年,整合地方各级政府服务热线，开通统一的四川政务服务热线“12345”，将热线全向拓展至微博、微信、手机 APP 客户端等网络平台，实现了“平台互联，一号多联”，形成了集中统一的热线办理系统，极大方便了办事群众。

二是积极规范政府服务标准。2012 年底，印发《政务服务中心服务质量规范》《政务服务中心管理规范》《政务服务中心基础设施建设规范》等 28 个政务服务省级地方标准，制定和修订涉及政务服务方面的省级地方标准和内部标准近 650 个，进驻各级政务服务中心的部门、窗口、人员在工作上都实现按统一标准“齐步走”。2014 年印发《加强乡（镇、街道）便民服务中心建设意见》，明确了全省乡（镇、街道）便民服务中心受理、办理（代办）事项指导目录 215 项，四川乡镇一级便民服务标准化建设走在全国前列。

成都市武侯区人民政府服务中心大厅现场。

## 三、强化政务信息公开

### （一）规范政务公开标准

1998年，开展乡（镇）试点推行政务公开。1999年印发《关于在全省农村普遍实行乡镇政务公开制度的通知》，2001年印发《关于在县级政权机关全面推行政务公开工作的意见》，2004年印发《关于在市（州）和省级行政机关全面推行政务公开的意见》，推进政务公开省市县乡全覆盖；2005年印发《关于进一步深化政务公开的意见》，2006年印发《四川省政务公开规定》，2014年印发《四川省人民政府关于深化政务公开工作的意见》《四川省行政权力依法规范公开运行平台建设和使用管理办法（试行）》，2015年出台《关于深化政务公开工作的实施意见》，明确政务公开事项和重点领域，规范公开程序，推进政务公开覆盖至全部行政机关和学校、医院、水电气等公用事业单位；2016年印发《关于全面推进政务公开工作的实施意见》，就推进行政决策公开、执行公开、管理公开、结果公开、服务公开提出了明确任务，进一步强调推进政府服务开放和回应社会关切；2017年9月印发《四川省开展基层政务公开标准化规范化试点工作实施方案》，按照“县为主体、市州指导、省级统筹”的思路，推行基层政务公开标准化规范化；2019年出台《四川省深化“放管服”改革优化营商环境行动计划（2019—2020年）》，强调健全政务服务信息公开制度，推行行政执法公开制度，对全面优化升级政务信息工作公开提出了更高标准。

### (二)强化政务公开载体建设

1984年起面向社会公开发行《四川政报》,1986年起编辑发布《四川经济年鉴》(后更名为《四川年鉴》),并通过报刊、广播、新闻发布会等渠道面向社会公开政务。20世纪80年代中期至90年代中期,各级政府陆续配置信息化设备,为推进政务网络平台建设打下基础。2000年,建立内网、专网和外网为主的电子政务系统,有效推进政务公开网络平台建设。2001年1月,四川省人民政府门户网站正式开通,提升了政务公开实效和时效。2014年,省市政府部门开通政务微信。2015年印发《关于加强政府网站信息内容建设的实施意见》,从内容更新、传播能力、支撑体系、制度机制、组织保障五个方面规范全省政府网站内容建设。2018年,在省政府网站开辟重点领域政府信息公开专栏,公布各地各部门政务信息500余万条,依法办理答复政府信息公开申请270件,全面推进了决策公开、执行公开、管理公开、服务公开、结果公开。

### (三)推动政务清单管理

2017年,四川把"清单式管理"引入基层政务公开标准化规范化试点领域,探索清单与各类信息发布载体、政务服务平台的有效对接,实现清单内信息可获取、服务可直达。发挥清单"纲举目张"的作用,在实施过程中完善工作流程,助力深化"放管服"改革和政府职能转变。通过两年的探索，清单管理模式基本实现了目标预设，开展试点的 9 个领域公开事项数平均增长 120.78%。成都市新津县通过试点，大力推进招生入学、录取等信息公开，招生入学投诉较试点前减少 60%，政务公开的功能性价值有效发挥，群众满意度显著提升。2019 年出台的《四川省深化“放管服”改革优化营商环境行动计划（2019—2020 年）》提出，省、市、县三级分别制定公布“全省通办”事项清单、“全市通办”事项清单、“全县通办”事项清单，以县为单位公布“就近能办”清单，更多政务服务事项向乡镇（街道）、村（社区）延伸下沉，完成金融、医疗、公证机构、水电气等服务单位证明事项清理工作。

### （四）搭建新媒体执法公开平台

加强政务新媒体建设工作，积极探索公众参与新模式，充分利用政务微博、微信等新媒体和政府网站互动功能，利用“两微一端”（微博、微信、移动客户端）等新媒体平台，提升回应信息的到达率，增进政府与公众的互动交流。2019 年印发《四川省人民政府办公厅关于推进政务新媒体健康有序发展的通知》，为四川政务新媒体健康有序发展指明了方向。推进四川政务新媒体从“触探渠道”到“赋能平台”，从“方寸独鸣”到“矩阵同声”，从“赶上时代”到“引领时代”，全面升级能力，强势晋升舆论号召力，不断提升网络传播综合影响力。2018 年，四川省政务新媒体位列全国政务新媒体影响力第一阵营，居西部第一名。《2019 年上半年人民日报 · 政务指数微博影响力报告》发布，四川在全国各省份政务微博竞争力排行中获得第一名。

通过持续加大政务信息公开力度，理顺信息公开工作机制，推行信息公开内容清单化管理，四川政府信息公开取得明显成效。在《中国政府透明度指数报告（2018）》中，四川在31个“省级政府”中位列第五，四川政府网站绩效在全国第三方评估中名列第二，成都市在49个“较大的市政府”中位列第四。2018年9月，基层政务公开试点工作成效满意度指标得分90分以上。

## 四、规范行政权力运行

### （一）坚持政府主体责任

一是明确工作责任。2016年出台《四川法治政府建设实施方案（2016—2020）》《四川省党政主要负责人履行推进法治建设第一责任人职责实施办法》，2017年出台《党委（党组）书记履行法治职责规定的绩效评估和责任追究制度》，强化了党政主要领导对法治建设的主体责任。压紧压实主要负责人推进法治政府建设第一责任人的责任，做到重要工作亲自部署、重大问题亲自过问、重点环节亲自协调、重要任务亲自督办，把本地、本部门各项工作全面纳入法治化轨道，将法治贯穿到本地、本部门各项工作的全过程各方面。

二是坚持依法决策。2015年，先后出台《四川省重大行政决策程序规定》《四川省行政决策合法性审查规定》《四川省人民政府关于健全和完善政府法律顾问制度的意见》《四川省重大行政决策责任追究暂行办法》等规定，将部门论证、公众参与、民主协商、专家论证、专业机构测评、成本效益分析、风险评估、合法性审查和集体讨论决定，作为重大行政决策的必经程序，突出对社会稳定、环境保护、经济改革等方面决策风险情况的评估，加强以政府法制机构人员为主体、专家和律师参加的法律顾问队伍建设，探索构建法律顾问动态管理、绩效考评、作用发挥等制度，严格落实行政决策终身责任追究和责任倒查机制，建立覆盖全省各市（州）和县（市、区）政府的法律顾问队伍，基本建成了一套确保决策制度科学、程序正当、过程公开、责任明确的制度体系。

三是严格文明执法。通过加强"两法衔接"、强化执法管理，推进严格执法；通过完善执法程序、统一裁量基准，保障规范执法；通过严格执法裁决、落实执法责任，深化公正执法；通过规范执法行为、公开执法信息等强化文明执法。通过整治群众身边的环境保护、城市管理、道路交通等执法突出问题，提升执法公信力。

四是推动联动协作。制定年度法治政府建设重点工作安排，对当年法治政府建设任务和建设目标提出明确要求，落实工作责任，通过省政府常务会议和专题会议等形式，研究部署法治政府建设相关工作，积极推动中央决策部署在四川落地落实。建立跨地跨部门联合推进法治建设协作机制，形成合力，推进社会治理。研究制定四川省乡村振兴法治工作规划（2020—2022年），开展"一带一路"法律服务保障平台建设课题研究，研发法律服务共享平台"丝法通"

APP,为四川企业走出去提供精准涉外法律服务。

## (二)强化行政执法监督

一是加强监督机制建设。1991 年印发《行政执法监督检查规定》;2001 年 9 月印发《四川省行政执法监督条例》,明确监督范围、监督方式、法律责任等内容;2011 年印发《四川省市县政府依法行政评估指标》,荣获首届中国法治政府奖;2014 年 5 月印发《四川省规范行政执法裁量权规定》,加大了对行政执法行为的监督力度;2017 年印发《四川省行政执法公示规定》《四川省行政执法全过程记录

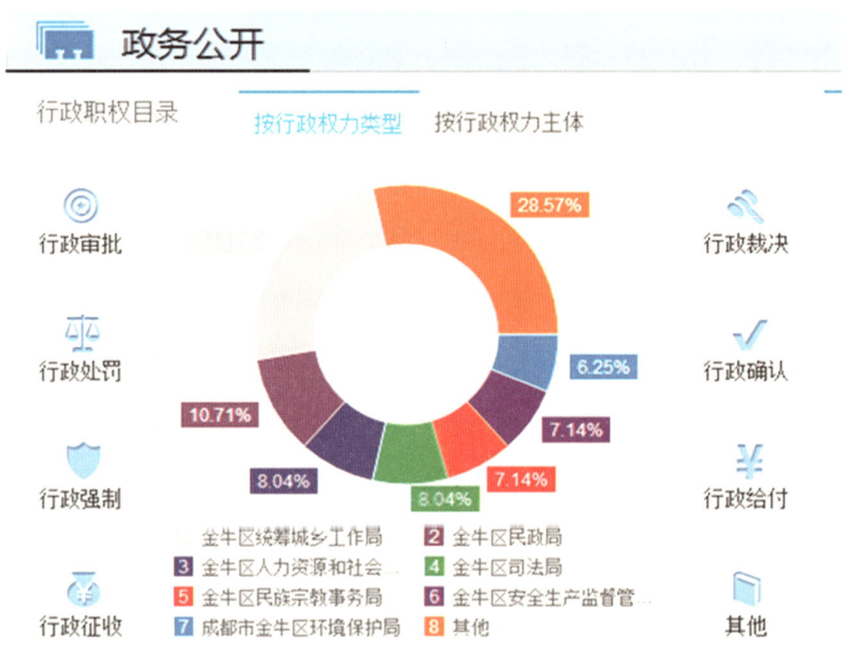


成都市金牛区行政执法《三项制度》行权平台。

规定》《四川省重大行政执法决定法制审核办法》(统称《三项制度》),形成全程监督、全程可控、权责可溯、监督有效

的行政执法体系，执法服务更加高效、集约、便民。推动建立行政机关负责人依法出庭应诉等制度，强化政府责任意识，2014 年 5 月出庭应诉的梓潼县水务局副局长，成为四川第一位出庭应诉的行政首长。2018 年以来，着力构建以全国公共资源交易平台（四川省）为枢纽的公共资源交易平台体系，推动实现工程建设招投标、政府采购、土地矿权、国有产权等公共资源配置全流程透明化。

二是健全诚信体系。2016 年出台《四川省社会信用体系建设工作实施方案》，跨行业、多部门整体联动，对失信主体进行“一处失信、处处受限”的惩戒，对诚实守信者实行优先办理等绿色通道激励支持。探索建立“黑名单”制度，着力加强严重违法失信企业名单管理和联动惩戒。

三是开展广泛监督。2015 年出台《四川省行政权力依法规范公开运行电子监督办法》《四川省省本级公共资源交易目录》《关于规范全省政务服务和资源交易服务中心服务收费的通知》，推动构建行权部门即时监督、行权管理部门跟踪监督、监察机关执纪监督的三重监督模式。通过向社会公布领导干部电话号码和职责分工，设置书记、行政首长信箱和电话热线，积极运用“两微一端”畅通社会公众投诉举报、反映问题的渠道，主动接受社会公众和新闻舆论监督。2018 年办理人大代表建议、政协提案 1833 件，按时办结率达到 100%。探索推进审计职业化建设，常态化开展全覆盖审计工作。2018 年审计 6965 个单位，向司法、纪检监察等机关移送问题线索 1128 件。加大政府层级监督，2018 年全省各级行政执法机关共评查行政执法案卷

110.35万卷,较2017年增长23.78%。

四是加大依法查处力度。各地各部门严格对标职能职责,强化执法责任,对食品药品安全、环境保护、安全生产、人力资源社会保障等重点领域违法行为加大依法查处力度。2018年,全省行政执法机关实施行政处罚3624.63万件。

### (三)强化突出问题整改

四川强化行政执法突出问题整改工作,创新依法行政突出问题意见征集方式,通过报纸、网站等媒体,征集社会公众的意见和建议,从中筛选群众最不满意的依法行政突出问题,开展依法行政突出问题承诺整改,同时确定整改部门和整改时限,发布整改公告,公布整改进度,开通监督电话和邮箱,接受群众监督,回应公众关注。2014年通过公开征集,省发展改革委、国土资源厅等24个省级行政执法部门梳理出52个依法行政突出问题,21个市(州)政府440个部门梳理出945个突出问题,通过一年多的承诺整改,一批群众不满意的突出问题得到整改,绝大多数群众对行政执法部门梳理出的依法行政突出问题及整改情况表示认可。

# 第五部分　切实维护司法公正

**摘要：**四川把改革作为破解司法深层次问题的根本动力，着力建设忠诚可靠、司法为民、务实进取、公正廉洁的政法队伍，大力破解生效判决执行难、庭审实质化改革难、“两法衔接难”等突出问题，不断提升执法司法公信力，坚持惩治犯罪与保障人权、司法文明进步与维护社会大局稳定并重，从公正、高效、权威上完善司法制度，从实体、程序、质效上保证公正司法，全面推进严格执法、规范司法、阳光司法和廉洁司法，用信息化促进执法规范化、引领司法现代化，推动实现政治效果、法律效果、社会效果的有机统一，让人民群众在每一个司法案件中感受到公平正义。

## 一、深化司法体制改革

四川严格贯彻落实中央司法改革有关精神，以构建公正、高效、权威的司法体制为目标，推进全省司法体制改革取得新成就。

### （一）优化司法职权配置

党的十八大以来，四川不断深化司法体制改革，通过司法职权的优化配置来促进公正、高效、权威的司法权的实现。

一是落实司法责任制。坚持牢牢牵住司法责任制的“牛鼻子”，挖掘法院、检察院内生潜力，切实提高办案质效。推进法官检察官员额管理和遴选工作常态化，完善员额分配、遴选、员额退出制度，确定每年4月最后一个周末为遴选考试日，定期举行，实现遴选常态化。自2016年至2019年6月，省法官检察官遴选委员会共开展4次遴选工作，顺利遴选员额法官检察官12000余名。建立健全严格规范的员额退出制度，明确法官检察官退出员额的13种情形，分类规定退出程序、救济程序和退出安置程序。

二是深化以审判为中心的诉讼体制改革。在全国率先开展刑事庭审实质化改革试点，推动公安机关依法全面客观收集证据、确保侦查案件事实证据经得起检验，检察机关依法严格审查证据、防止案件“带病”进入起诉审判程序，审判机关在庭审上认证诉讼证据、查明案件事实、刑事裁判理由，构建了侦查取证规范严谨、公诉举证真实有效、刑事辩护充分到位、庭审现场驾驭有度的工作格局，受到中央政法委、最高人民法院、最高人民检察院的高度肯定，为中央制定以审判为中心的刑事诉讼制度改革提供了四川样本。

### （二）健全司法权运行新机制

规范司法行为，加强司法权力制约和监督，建立健全符合法治四川要求的司法权运行机制。全省人民法院系统明确审委会、院庭长、合议庭、主审法官等职权责任，合理界定审判权、审判监督权、审判管理权的职责边界，总结推广审判权运行机制改革试点经验，探索构建“让审理者裁判，由裁判者负责”的司法责任制度体系。省高级人民法院印发《关于适用〈最高人民法院关于建立健全防范刑事冤假错案工作机制的意见〉的实施意见》和发布《〈关于常见犯罪的量刑指导意见〉实施细则》，落实罪刑法定、疑罪从无、非法证据排除等法律原则，贯彻证据裁判规则，对15种常见犯罪规范量刑、统一裁判标准，建立完善严格规范减刑、假释和暂予监外执行机制。省高级人民法院在全国最早组建审判监督机构并实行审监分开，形成的“四川经验”被最高人民法院在全国推广。全省检察系统深入推进检察官办案责任制改革试点工作，集中整治司法作风简单粗暴、执行办案规范和纪律规定不严格、不依法保障犯罪嫌疑人合法权益等10个方面的突出问题。全国公安系统建立省、市、县三级权力清单和处罚裁量标准体系，明确规范化建设14个重点项目，落实18项监督改革措施，探索建立全过程记录制度。

### （三）加快司法体制改革配套改革

深入推进司法人员职业保障制度改革，建立科学合理、简便易行的绩效考核办法，坚持以办案数量质量为核心进行绩效考核，实现了司法办案人员责权利相统一。

一是建立法官检察官员额制。2017年6月，全面完成司法人员工资改革任务，成为全国率先完成工资改革任务的省份之一。积极稳妥推进省级以下地方法院检察院人财物统管，协调相关部门推进干部、编制和财物统管工作。省编办印发《关于省以下地方法院检察院机构编制统一管理有关事项的意见》,对法院检察院机构编制的省级统一管理进行了安排部署,印发《四川省法官、检察官单独职务序列等级择优选升工作方案(试行)》,对等级设置、选升区间及等级比例等进行了详细规定。

二是健全司法责任制。建立健全法官检察官惩戒制度,成立省法官检察官惩戒委员会,制定《四川省法官检察官惩戒委员会章程(试行)》《四川省法官检察官惩戒委员会会议规则》,规定惩戒委员会组织形式、工作职责和工作纪律等。创新确立"对于事实不清的,经出席惩戒工作会议委员二分之一以上表决通过,可中止审议,由惩戒工作办公室组织重新调查"等规则,按照"让审理者裁判,让裁判者负责"的精神,构建具有四川特色的惩戒议事规则。

### (四)建立公益诉讼制度

检察机关按照"抓机制、重指导、突重点、办好案"的工作思路,稳步推进公益诉讼工作,探索出一条具有四川特色的检察公益诉讼之路。《民事诉讼法》和《行政诉讼法》修改后,检察机关按照最高人民检察院部署,在履行职责中积极发现生态环境和资源保护、食品药品安全、国有财产保护、国有土地使用权出让、英烈保护等领域存在损害国家利益和社会公共利益行为等案件线索,及时提出检察建议、提起行政公益诉讼,有效维护了社会公平正义。2019 年 10 月 10 日,绵阳市涪城区追缴被骗医保金公益诉讼案入选最高人民检察院行政公益诉讼诉前程序案例,自贡市荣县人民检察院诉国土资源局不依法全面履职案入选最高人民检察院行政公益诉讼案例。

2017年10月14日，通江县人民检察院在办理"全省首例行政公益诉讼案"——通江县至诚镇政府违法履行法定职责行政公益诉讼案中，检察干警利用无人机对违法倾倒垃圾情况进行拍摄取证。

## 二、提升司法公信力

加大司法公开力度，整治司法突出问题，落实司法责任制，健全司法服务体系，强化司法监督，保证司法公正，推动司法高效，维护司法权威，大力提升司法公信力。

### （一）深化司法透明公开

深入推进审判公开、检务公开、警务公开、狱务公开，探索构建开放、动态、透明、便民的阳光司法机制。

一是推动审判公开。全省法院系统严格执行四川省高级人民法院《关于在互联网公布裁判文书的规定（试行）》，搭建科技法庭集中管理、网上庭审公开平台，深入推进中国裁判文书网数据传输应用工作，及时公开执行立案、执行措施等9类信息，主动推送被执行人财产查控、案款支付等10类事项，构建“立体化、全天候、普惠式”的诉讼服务，推进法院电子卷宗随案同步生成、深度应用，公开总量位居全国法院前列。在《中国司法透明度指数报告(2018)》中，成都市中级人民法院和四川省高级人民法院分别位列第八和第十。推动网上公开拍卖、开展庭审公开直播，2017年3月至2019年9月，全省法院网上公开拍卖9.98万件，成交率达55.33%，为当事人节约佣金11.09亿元；2012年至2019年9月，直播庭审18.35万件次，观看量达2.28亿人次，审判公开已成为全省法院接受监督、改进工作、促进公正的重要途径。

二是打造阳光检务。全省检察系统深化检务公开，探索执法办案程序、过程和结果向社会全面公开，充分保障公众知情权，提升执法办案质量和检察公信力。依托全省三级检察院门户网站和“人民检察院案件信息公开网”，推进案件程序性信息查询平台、法律文书公开平台、重要案件信息发布平台、网上举报申诉及检察人员违纪违法投诉平台四大平台建设。2014年至2018年，累计发布案件程序性信息30余万件，公开法律文书12.6万余件，点击量达520余万次，案件信息公开各项数据均处于全国前三位。全面实现案件材料查阅、信息主动推送等一站式服务，目前已有6129名办理刑事案件的律师通过案件信息公开网完成信息注册和申请事项办理。

三是深化警务公开。把警务公开工作列入全省公安系统十大改革任务之一，制定《全省公安机关警务公开实施办法》，规范警务公开行为、增强工作透明度。全省警务公开逐步推广辖区治安信息公开、突发公共安全事件公开、相关执法办案活动公开、行政办事程序公开、便民服务措施公开和举报投诉渠道公开的“六公开”制度；相关执法办案活动在法律的框架下，针对相关当事人实行执法依据公开、执法程序公开、执法进度公开和执法结果公开的“四公开”制度。同时，建立“大平台全网贯通、三级联动全警应用”的网上服务管理平台，加强行政权力运行平台、电子监察平台和警务综合平台“三项对接”，推进全省公安案件环节流程和办理结果在线公开，推动交管、治安、出入境等 11 个警种、121 项便民事项在线办理，构建全省三级公安新媒体方阵，推动警务公开覆盖面，及时回应人民群众关切的问题。

四是强化司法行政公开。全省司法行政系统完善政务公开措施，加强政策解读，扩大公众参与，全面推进决策、执行、管理、服务、结果公开常态化，实现了政务公开覆盖到权力运行、政务服务、执法办事的全过程。加强“两微一端”等新媒体平台的综合应用和力量整合，创新公开形式，进一步增强了公开信息的传播效果。拓展狱务公开渠道，监狱系统编制《信息公开指南》，搭建全省监狱信息网络平台，建立监狱执法情况通报制度，出台《四川监狱特邀执法监督员工作办法》，实行执法条件、执法程序、执法结构“三公开”和监区长办公会公示、监狱“评审会”公示、监狱长办公会公示、裁前公示的“四公示”制度，依法及时公开“减刑、假释、暂予监外执行”的依据、程序、流程、结果。

(二)整治司法突出问题

针对内外干扰、保障不力等突出问题,落实《领导干部干预司法活动、插手具体案件处理的记录、通报和责任追究规定》《司法机关内部人员过问案件的记录和责任追究规定》。

一是提升审判效率。省高级人民法院印发《关于在审判工作中防止法院内部人员干扰办案的实施细则(试行)》《关于在审判执行工作中对非因履行职责过问案件全程留痕的暂行规定》,探索建立法院工作人员履行法定职责保护机制。针对“地方化、行政化”等问题,探索建立与行政区划适当分离的行政诉讼管辖制度改革,推行成都、广安、乐山三地法院行政案件相对集中管辖改革试点,由 1~3 个基层法院集中管辖全市基层法院的一审行政诉讼案件,初步形成集中管辖、交叉管辖、提级管辖等较为成熟的改革经验。针对“立案难”问题,深化立案登记制改革,2015 年探索建立“简案快处、难案精审”制度,集中清理取消“年底不立案”“延缓立案”等土政策,当年实现法定期限内登记立案率达 100%、当场登记立案率达 94.89%,审结小额诉讼案件 2383 件,做到有案必立、有诉必理。针对“诉讼难”问题,强化网上诉讼和庭审公开,打造“服务型、阳光型、效能型”人民法庭,建立社区工作站、诉讼服务点、法官工作站,构建实体诉讼服务中心、网上诉讼服务中心、“12368”热线“三位一体”诉讼服务体系。

二是改进监督审查方式。省人民检察院提高诉讼监督、执行监督、权力运行监督实效,积极探索设立跨行政区划的人民检察院,着力构建从铁路向民航、海关、水运等拓展的大交通运输检察模式。同时,完善对侦查取证的引导,与公安厅共同制定《关于刑事案件退回补充侦查和完善证据的工作指引》,与省高级人民法院、公安厅共同印发《关于办理合同诈骗案件若干问题的会议纪要》,统一执法尺度,转变证据审查方式,推行重大案件书面审查和亲历性审查相结合的方式。

公安指挥中心现场。

三是强化动态治理。全省公安系统着眼平安四川建设,着力加强危爆物品、寄递物流等动态管控,严格兑现执法质量考评和过错责任追究,深入开展"春雷""夏安""秋风"等专项行动,严厉打击各类突出违法犯罪活动,全省刑事案件发案率同比下降,破案率同比上升,人民群众安全感满意度持续保持在90%以上。

四是深化刑罚执行衔接。全省司法行政系统从衔接工作、惠顾民生、延伸帮扶、安置基地入手做好安置帮教;加强司法鉴定规范化建设;全面推进社区矫正,努力实现“教育管理有效、执法活动规范、制度体系完善、机构队伍专业、社会参与扩大、经费保证到位、工作平台稳固”七大目标。

五是深化涉案财物管理处置。全省各地各部门密切协作、相互支持,建立高效有序的沟通协调机制,同步推进落实,共同解决突出问题,深化刑事诉讼涉案财物管理处置工作,实现“四个目标”。一是实现“物品集中管”,通过设置相对独立于办案部门的涉案物品集中保管场所,实现了涉案物品的集中管理,做到了涉案财物的安全保管。二是实

成都市建立全国首个涉案财物管理中心。

现"信息网上走",通过信息集中管理系统,让涉案财物管理信息跟随办案流程在办案部门之间及时推送,确保涉案财物一旦进入诉讼,始终处于一种无缝衔接的闭环管理状态。三是实现"清单随案移",要求政法部门之间移送纸质卷宗时,同步移送涉案财物书面清单,款项、物品等原则上不再随办案流程移送。四是实现"财物及时处",案件办结后依法对涉案财物作出裁决,及时返还、退赔、上缴国库,充分保护合法财产权益。

六是深化司法为民。全省法院系统探索建立"一站式"诉讼服务体系,以成都市武侯区人民法院为代表的地方法院以服务当事人为目标,率先打造诉讼服务中心,兼具人民调解、行政调解、司法确认、联络平台四大功能,做到当事人"走进一个厅,诉讼事务一站清"。省高级人民法院出台《全省法院诉讼服务中心服务管理规范》,规范诉讼服务中心运行管理,在方便群众、减轻办案压力和提升法院形象等方面起到积极作用。各级检察机关普遍建立检察院综合性受理接待中心,作为检察机关司法为民机制的重要组成部分,并将其定位于检务工作的统一对外平台。为推动检力下沉,部分县(市、区)检察院不仅设立基层检察室,还在派驻检察室下延伸设立检察工作站(点),如乐山市市中区人民检察院创设"全院参与,轮流派驻"的乡镇检察室制度,犍为县人民检察院在偏远乡镇开展"巡回检察室"活动。

### （三）加强司法活动监督

全省法院系统探索建立人大代表、政协委员和各界群众代表参与的庭审观摩制度，强化庭审现场监督。全省检察系统制定实施《关于妥善处理涉及刑事立案及侦查活动的控告申诉的意见》，探索赋予人民监督员询问权制度。运用新闻发布会、网络平台、微博等载体，推行新闻发言人制度，及时回应处置应对网络舆情和公众质疑，积极正面引导社会舆论。

## 三、破解司法难题

### （一）着力破解执行难

将解决执行难纳入依法治省、综合治理、文明创建等重要工作内容，2009 年在全国率先建立党委领导下的执行工作联席会议制度和执行联动威慑机制，初步形成了“党委领导、政府支持、政法委协调、法院主办、部门配合”的综合治理执行难工作大格局，被最高人民法院主要领导批示为“四川经验”。搭建“省级失信被执行人联合惩戒曝光平台”，加大失信惩戒力度；建立有无财产分类办理机制、办案通报督办机制等，加大疑难复杂类案件执行力度；运用执行指挥平台落实“三统一”要求，着力整治消极执行、选择性执行、乱执行行为；依托“智慧执行”系统开展群众化社会化执行查控新路径，推动执行工作不断向前向好发展。全省法院以有财产可供执行案件“司法大拜年”“失信大曝光”“执行大会战”“拒执大打击”四个专项行动为抓手，有效遏制逃避执行、抗拒执行、干预执行等现象。2014年至2019年9月，全省共办结各类执行案件153.74万件，近40%的失信被执行人主动履行债务。

## （二）建立完善行政执法与刑事司法衔接机制

2012年，四川省委、省政府印发《关于加强行政执法与刑事司法相衔接工作的意见》，2016年9月，出台《关于进一步加强行政执法与刑事司法衔接工作的意见》，同时，出台《四川省办理危害食品安全犯罪案件 涉案食品鉴定相关问题行政执法与刑事司法衔接工作专题联席会议纪要》《关于加强食品安全行政执法与刑事司法衔接工作的实施意见》等规范性文件，2018年12月，四川省人大常委会审议通过了《关于加强行政执法与刑事司法衔接工作的决定》，建立“两法衔接”工作机制。在南部县、新津县先行试点，推进“两法衔接”，为推进四川地方立法工作铺路搭桥。2017年至2019年9月，全省“两法衔接”信息共享平台共接收行政处罚案件信息947,936条，切实解决了有案不移、有案不立、有案难移、以罚代刑等问题。

## （三）全力推进智慧政法建设

推进大数据智能辅助办案系统建设应用，推动政法部门办案平台全联通，电子卷宗网上流转，全省约70%的刑事案件已在系统中运转，初步构建具有四川特色的智慧政法体系。

四川大数据智能辅助办案系统。

全省法院系统打造“视频+音频+文字”的智能记录体系，充分运用“互联网+”技术，建立全省统一的电子送达(提交)平台，与司法厅建立电话录音公证送达合作机制，与公证机构建立委托公证机构直接送达机制，研发“类案检索比对系统”，为法官智能推送相关案例，有力提升办案效率。全省检察系统全面实施《四川省检察机关智慧检察总体规划(2018—2020年)》，构建一体化检察网络，打通检察专网、检察工作网、互联网以及与政法各部门的数据交互和流转。加快“大数据中心”“办案指挥中心”“运维监管中心”建设，提升数据运用分析水平，为决策提供依据。全省公安系统大力推进“大数据警务”，建成四川公安大数据平台，整合数据信息超过1000亿条，在全国率先建设应用新一代移动警务平台，广泛应用于巡逻盘查、人员查证、治安防控和案件侦破等诸多领域。全省统一建成公安一体化政务服务平台和四川公安APP、微信小程序，创新推出政务服务“网上办”“掌上办”“集中办”“自助办”“全天办”，打造“15分钟服务圈”，努力让群众办事更加便捷。全省司法行政系统按照“数字法治　智慧司法”信息化体系建设要求，将信息化作为“一把手”负责的“首位工程”、追赶超越的“引擎工程”、优化服务的“民心工程”、资源共享的“互联工程”重点推进。加强行政立法、行政执法协调监督、刑事执行与应急指挥、公共法律服务、综合保障与政务管理“五大类系统”建设，推进云计算、物联网、大数据、人工智能等技术与司法行政工作的高度融合。建立涵盖各市(州)司法局和监狱戒毒系统的统一指挥、功能齐全、反应灵敏、运转高效的应急指挥联动平台，初步形成了“大平台共享、大系统共治、大数据慧治”的司法行政信息化新格局。

### (四)创新开展公证参与司法辅助工作

在全国首创公证参与司法辅助工作，全省确定33家公证机构与人民法院结对试点并取得初步成效。建立诉前纠纷调处机制，2018年全省试点公证处共成功调解矛盾纠纷7450件。建立公证送达机制，试点前送达周期约为9天，试点后约为3天，送达效率提高了3倍；试点前的结案周期约为82天，试点后约为43天，结案周期缩短近一半。升级公证业务系统，探索诉讼与公证司法辅助数据互通、互联、互查，探索制定管理办法、工作细则、会商制度等，推进规范管理。全省18个市州建立了由司法局、法院、公证机构参加的协调会议制度，定期总结交流，解决实际问题。成立公证与诉讼协同中心，组织公证人员入驻法院，试点建立省直公证机构与法院共同培训机制，加大帮扶力度，畅通与三州地区远程帮扶渠道，扩大线上培训、远程视频培训覆盖面，解决“服务能力不足”的问题。

### （五）健全统一司法鉴定管理体制

2002 年 7 月，出台《四川省司法鉴定管理条例》，开创四川司法鉴定工作有法可依、统一管理的新局面。随后制定涉及司法鉴定援助、保险理赔、投诉管理、收费标准等方面的配套文件，进一步规范了司法鉴定管理。依规审批司法鉴定机构、核准司法鉴定人执业，开展行政许可前执业能力评估。自 2001 年起，每年编印发放《国家司法鉴定人和司法鉴定机构名册（四川省分册）》。2004 年 9 月，成立四川省司法鉴定人协会，实现了四川司法鉴定管理由单一的行政管理模式向行政管理与行业管理相结合的新模式转变。四川作为全国试点省份，于 2009 年率先对“三大类”司法鉴定机构进行资质认定和实验室认可，目前有 9 家鉴定机构通过了国家级资质认定或 CNAS 认可，87 家鉴定机构通过了省级资质认定。2019 年 1 月，省委办公厅印发了《四川省健全统一司法鉴定管理体制实施方案》，进一步规范了全省司法鉴定管理，提升了司法公正。

### （六）依法开展司法确认

2009 年，为巩固非诉调解成果，保障和促进“大调解”

工作机制、诉非衔接机制、多元化解纠纷机制健康发展,四川法院系统启动司法确认工作。2019 年 7 月,四川省高级人民法院在全面总结近年全省司法确认工作经验的基础上,印发《关于深入推进非诉调解协议司法确认工作的意见》,对完善司法确认制度起到了重大推动作用。该意见明确了适用范围,区别了司法确认和申请撤销的流程管理。

## 四、强化人权司法保障

### (一)大力加强法律援助

1996 年 5 月 31 日,全国第一家省级法律援助机构——四川省法律援助中心成立,标志着法律援助工作在四川正式诞生。1997 年 2 月 28 日,四川律师董绪公接过时任国家法律援助中心副主任宫晓冰手书的第一号国家法律援助通知书,成为"国字第一号"法律援助案件的办案律师,为一位在北京建筑工地因火灾烧成重伤的 20 岁四川万县(今重庆万州)农民工蔡不伦讨要医疗费和赔偿金,在中国法律援助史上写下重重的一笔。大力开展对盲、聋、哑、未成年人以及可能被判处死刑的被告人的指定辩护律师,提供法律援助。2001 年 9 月 22 日,出台《四川省法律援助条例》,全面提升民事、刑事法律援助服务能力,全面落实法律援助政府责任,在各级司法行政机关设立法律援助机构,做到"有人、有机构、有钱"办事。全省法律援助办案量从 2001 年的不足万件提高到 2010 年的 4 万余件。将法律援助纳入全省十大民生工程,进一步加大了市、县(市、区)两级法律援助机构的保障力度，推进法律援助接待受理大厅规范化建设。截至 2019 年 9 月，全省建立规范化法律援助中心 173 个，在天津、广东等外省市地建立川籍农民工法律授助工作站 27 个。同时，结合四川农民工较多的实际，建立岁末年初农民工讨薪法律援助专项活动长效机制。每年开展岁末年初农民工讨薪法律援助专项活动，2011 年—2018 年，共受理农民工案件 193513 件，为农民工讨回欠薪、工伤赔偿金等 725860. 76 万元。

### （二）有序推进刑事案件律师辩护全覆盖

2017 年，四川作为最高人民法院和司法部探索开展刑事案件律师辩护全覆盖试点工作的八个省份之一，于同年 12 月，印发《关于开展刑事案件审判阶段律师辩护全覆盖试点工作实施办法》，对试点工作进行安排。2019 年，按照最高人民法院、司法部联合发文要求扩大试点范围后，四川刑事案件律师辩护全覆盖制度扩大至全省所有市（州）、县（市、区），畅通刑事法律援助申请渠道，加强办案机关工作衔接，完善被羁押犯罪嫌疑人、被告人经济困难证明制度，建立健全办案机关通知辩护工作机制，健全法律援助参与刑事案件速裁程序试点工作机制，建立法律援助参与刑事和解、死刑复核案件办理工作机制，依法为更多刑事诉讼当事人提供法律援助。探索建立跨部门大数据办案平台，实现公检法机关和法律援助机构律师管理部门之间信息系统对接，利用信息化手段加快法律文书流转，全省基本实现刑事案件律师辩护全覆盖。

### （三）扎实开展司法救助

坚持在办理案件中最大限度保障弱势群体利益，确保国家司法救助工作落到实处。2008 年，印发《关于全省建立司法救助专项资金的意见》，提出建立省市县三级政法部门统一的司法救助专项资金，推行“分级管理、分级负担”制度，司法救助专项资金由本级财政预算安排。2014 年 7 月，结合四川前期实践经验和各地实际，印发了《四川省国家司法救助实施办法（试行）》，推进救助资金提前拨付到政法单位账户，精简了审批环节，使救助金真正起到救急作用。2016 年 10 月 11 日，印发《关于进一步加强和规范国家司法救助工作的通知》，强调通过政法单位和财政部门的无缝对接，推进司法救助的最大效益的实现。省高级人民法院以“加强救助保障，推进阳光运行”为主题在全国法院司法救助工作会议上进行经验交流，李某某、陆某某司法救助案入选全国法院十大国家赔偿和司法救助典型案例。全省检察机关将国家司法救助职能融入“四大片区扶贫攻坚行动”，切实保障脱贫攻坚中刑事被害人的合法权益，以防因案致贫、因案返贫，实现脱贫攻坚与国家司法救助工作的双赢。

### （四）全面推进国家赔偿

出台《关于实行国家赔偿告知制度的意见》《关于审理

司法赔偿案件听证程序的规定》等一系列工作规范，主动争取党委领导和人大监督支持，建立向党委、人大报告工作制度，重大案件专题汇报制度，健全国家责任制度体系。在全国率先开通“网上国家赔偿条线管理系统”，设置“全省法院国家赔偿案件总体审理情况统计表”，实时生成全省法院系统相应办案基础数据，做到质量评查信息化、透明管理科学化。同时，依托网络平台推动国家赔偿司法公开，扩大国家赔偿案件质证、听证范围和赔偿法律文书网上公开范围，建立上网文书校阅审核责任机制。1995 年至 2018 年，全省法院系统共受理国家赔偿案件 4681 件，审结 4079 件，决定赔偿 767 件，决定赔偿金额 6308.71 万元。郑华申请自贡市人民检察院国家赔偿案、绵阳市养猪研究所申请安县人民法院国家赔偿案入选《国家赔偿法指导案例评注》；熊仲祥申请乐山市中级人民法院国家赔偿案被最高人民法院评选为年度国家赔偿十大典型案例；泸州天新电子科技公司、魏振国申请自贡市人民检察院国家赔偿案被最高人民法院评选为人民法院保护民营企业产权典型案例。

## 五、切实保障罪犯合法权益

### （一）深化公正文明执法

一是四川监狱率先推行标准化建设。2007 年，启动标准化建设，2011 年在全国率先构建形成涵盖监狱执法管理全过程的 11 个标准化体系，汇编成 23 本指导规范；2017 年在全国率先将监狱执法管理的主要工作一次性整体纳入地方标准。司法部将四川监狱标准化成果作为蓝本，向全国监狱、戒毒系统推广。13年来，办理减刑、假释、暂予监外执行案件30余万件，无一起投诉，没有发现一起违纪违法案件。二是全国最早持续开展离监探亲。2007年开始，在法定节假日常态化依法开展罪犯离监探亲。13年来，先后批准4387名罪犯离监探亲，全部安全按期返监，无一起监管事故和治安案件，无一起执法投诉，无一起不公不廉反映，取得了良好社会反响，在全国推广。三是建立健全狱务监督机制。开通举报电话、设立“8大信箱”、①建立局长接待日和监狱长接待日制度。在监狱局门户网站公开减刑、假释、暂予监外执行执法流程，各监狱在会见室等场所设置狱务公开栏，公开减刑、假释、暂予监外执行执法流程，执法事项主动接受监督。探索建立廉洁执法风险防范点制度，针对重点领域、岗位、环节加大执法工作的监督检查力度。建立执法监督员制度，对监狱减刑、假释、暂予监外执行等案件、民警执法工作予以监督。广泛听取意见，向罪犯及其亲友和社会有关人员发放《狱务公开问卷调查表》，调查结果显示对监狱工作好评率达90%以上。

### （二）构建罪犯大病统筹全新模式

2011年，四川监狱系统创新管理，按照财政、监狱和

---

① “8大信箱”：监狱管理部门在监狱内广泛设立了包含厅长、局长、监狱长、纪检监察信箱，以及申诉、控告、检举、约谈信箱在内的8个有关罪犯合法权益保护的信箱。

罪犯个人分别负担部分医疗费，以财政和监狱为主的政策，建立并实施罪犯大病统筹，实现了以罪犯基本医疗保障为基础、大病统筹为补充的罪犯医疗保障新机制，有效缓解了罪犯医疗费，特别是大病医疗费不足的突出矛盾，更好地保障了罪犯的健康权益。四川监狱系统建立罪犯大病统筹机制，被《四川日报》评为 2011 年度 12 件重大影响时政新闻之一；2012 年、2014 年、2018 年，司法部监狱管理局分别以会议、文件通知等方式，在全国监狱系统进行推广。

### （三）常态化推进监狱开放

2007 年，在全国率先探索建立制度化、常态化的“监狱开放”机制，先后开展了“情系高墙共建和谐”“千名服刑人员社会帮教”“服刑人员改造成果展”“百子千妻万母亲情帮教”“临释人员就业招聘会”等意义深远的活动，先后帮教罪犯近 65 万人次，警示教育社会 620 余万人次，形成了“政府帮扶、部门联动、家庭接纳、监狱与社会共同教育”的罪犯教育改造全新格局。

### （四）首创重大自然灾害应对经典案例

2008 年“5 · 12”特大地震当天，四川监狱系统紧急转移 8 万余名罪犯安全避险，连夜冒雨紧急组织灾区监狱转移 7000 余名罪犯到相对安全的监狱关押。特别是“千里大转移”行动，历时 10 天 10 夜，组织民警深入雪域高原腹地，克服余震、大雨、泥石流、塌方、道路中断等诸多困难，辗转23个市（县），累计行程1.3万余公里，紧急转移处于震中阿坝监狱的1900余名罪犯，创造了零脱逃、零事故的救灾奇迹，被纳入哈佛大学世界巨灾应对经典案例，被中政委作为全国政法干警核心价值观教育读本重要内容。

# 第六部分　持续推进法治社会建设

**摘要**：法治是社会稳定的压舱石。70 年来，四川社会治理体系不断完善优化。特别是党的十八大以来，四川着力破解“吊脚楼”“两张皮”“灯下黑”“大呼隆”等制约法治在基层落地落实问题，把夯实基层、打牢基础作为全面依法治省重中之重，把依法化解矛盾纠纷、解决群众利益诉求作为引导全民守法最直接的抓手。建立健全普法机制，深入推进普法教育，加快构建覆盖全业务、全时空、智能化的公共法律服务体系，抓好社会治安防控体系建设，坚守“三条底线”，深化“扫黑除恶”专项斗争，推动社会稳定风险评估法治化，积极构建矛盾纠纷多元化解机制，统筹推进专项治理、源头治理、系统治理、综合治理、依法治理，加快形成共建共治共享的现代社会治理新格局。

## 一、推进全民普法

全面实施全民普法规划，创新开展“法律七进”，大力加强法治文化建设，引导广大群众实现从“不知法、不懂法、不信法”到“自觉学法、守法、用法”再到“信仰法治、尊崇法治、捍卫法治”的跨越。

## （一）全面实施普法规划

1981 年，相继在大、中、小学和其他各类学校开设法制课程，对学生进行法制宣传教育。1982 年 12 月 4 日，《宪法》颁布。同年，四川省人大常委会作出《关于开展学习宪法、宣传宪法活动的决议》，司法厅对宣传工作作了安排部署，随即在全省开展大规模的宪法宣传教育活动。1985 年，中共中央、国务院批准中宣部、司法部起草《关于向全体公民基本普及法律常识的五年规划》，“一五”普法正式启动。自 1986 年“一五”普法开展以来，四川普法工作以 5 年为单位进行规划，一直推进到今天，从未间断，并始终伴随改革开放的不断深入而健全完善。

“一五”普法期间（1986 年～1990 年），向全省公民主要普及了《宪法》《刑法》《刑事诉讼法》《婚姻法》《继承法》《经济合同法》《民事诉讼法（试行）》《森林法》《兵役法》《民族区域自治法》《治安管理处罚条例》等基本法律常识，全省 7000 余万人接受了法律知识的启蒙教育，占全省普法对象的 90%以上。甘孜、阿坝、凉山三个少数民族自治州克服了地广人稀、交通不便、语言障碍等困难，农牧民的普法教育面达 70%以上。通过“一五”普法，广大公民了解了宪法和基本法律的主要内容，懂得了最基础的法律常识，逐步开始运用法律知识维护自己的合法权益，履行宪法和法律规定的义务。

“二五”普法期间（1991 年～1995 年），组织召开全省“二五”普法工作会议，总结了“一五”普法工作经验，肯定了“一五”普法工作成绩，对“二五”普法进行了安排部署。“二五”普法紧紧围绕党和国家的中心工作，深入学习宣传宪法，有针对性地学习宣传国家基本法律常识，有计划、有步骤、分层次、分部门地学习专业法律知识，促进了全省各项事业依法管理。

“三五”普法期间（1996 年 ~ 2000 年），深入开展以宪法、基本法律和社会主义市场经济法律知识为主要内容的学习宣传教育活动，进一步增强了全省人民的法律意识和法制观念，提高了各级干部依法办事、依法管理的能力和水平。1997 年 2 月 27 日，出台《关于依法治省的决定》，同年 4 月 17 日，出台《关于依法治省的决议》。“三五”普法结束时，全省 20 个市州、170 个县（市、区）、4142 个乡镇实施了依法治市（州）、县（市、区）、乡镇，依法治校蓬勃开展，依法治企推出攀钢经验。

“四五”普法期间（2001 年 ~ 2005 年），大力开展宪法和关系社会发展、社会稳定、市场经济建设以及与老百姓切身利益紧密相关的法律法规的法制宣传教育，注重领导干部、公务员、青少年、企业经营管理人员和农民的法制宣传教育，坚持法制宣传教育和法治实践相结合，深入推进依法治理。“四五”普法期间，全民法律意识普遍增强，全社会法治化管理水平明显提高，为加强社会主义民主法治建设、促进经济社会发展、推进依法治省发挥了重要作用。

“五五”普法期间（2006 年 ~ 2010 年），深入学习宣传宪法法律，全面开展“法律六进”和法治城市、法治县（市、区）创建活动，大力加强法治文化建设，全面提升法制宣传教育的文化品位和社会法治化管理水平。

“六五”普法期间(2011年~2015年),以“法律七进”为重要载体和主要抓手,不断健全普法工作体系、创新普法手段、完善监督考核,突出普法针对性,扩大普法覆盖面,促进广大干部群众尊法、学法、守法、用法,进一步强化法治理念,提高法律素养。

“七五”普法以来(2016年~),深入学习宣传习近平总书记关于全面依法治国的新理念新思想新战略,突出学习宣传宪法,扎实开展中国特色社会主义法律体系、党内法规等重点内容的学习宣传教育,严格落实“谁执法谁普法”责任制。持续深化法治示范创建,加快推进法治文化阵地建设,深入开展法治文化作品推广和法治文化传播。全省组建法律人才库1692个、法律服务小分队4373支;全省村(社区)配备法律顾问4.3万余人,中小学法治副校长(辅导员)配备率达100%,培养“法律明白人”48万余人。深入开展“法律七进”活动,推动在全省形成办事依法、遇事找法、解决问题用法、化解矛盾靠法的法治良序。

### (二)建立健全普法机制

以“提高全民法治素养、建设法治四川”为总目标,建立健全普法机制,落实普法责任,进一步增强普法工作合力。

一是建立健全“谁执法谁普法”普法责任制。印发《关于实行国家机关“谁执法谁普法”普法责任制的实施意见》,明确47个省级部门的普法责任清单,建立普法联席会议制度。全省各地各部门充分利用国家宪法日、国际禁毒日、世界环境日等重要时间节点，结合新法颁布实施，开展法治宣传主题实践活动，实现了从“主管部门独唱式普法”向“全社会合唱式普法”转变。

二是建立健全“以案释法”制度。建立完善并落实法官、检察官、行政执法人员、律师等以案释法机制，通过媒体庭审直播、群众旁听庭审、案件宣讲、建立司法执法典型案例发布等方式以案释法；依托覆盖城乡居民的公共法律服务体系，强化律师、公证员、人民调解员等在办理具体案件、代理法律事务过程中开展普法教育，使案件审判、行政执法、纠纷调解和法律服务的过程，成为向广大干部群众普及法律常识、弘扬法治精神、培养法治信仰的过程。

三是建立健全媒体公益普法制度。建立健全媒体公益普法制度，落实媒体公益普法责任，构建“电视说法、广播讲法、报纸释法、短信送法、网上学法、微博微信宣法”的全媒体普法格局。2016 年至 2019 年 7 月，在全省报刊开设普法专栏 115 个，开办广播、电视普法栏目 400 余套，开办普法类网站 230 个，开通普法微博、微信 690 余个，“微普法”矩阵初步建成，21 个市（州）全部开通了普法手机报或移动客户端，年均发送普法资讯 600 余万条。四川司法官方微博粉丝达 110 多万，获全国政法微博最佳应用奖。

### （三）创新开展“法律七进”

面对新形势、新任务、新要求，突出法治宣传教育的系统性、针对性和实效性，创新开展“法律七进”活动。

一是深入推进法律进机关。出台《“法律进机关”活动实施方案》，充分利用党校、党建网、报纸杂志等平台，开展集中培训、专题讲座、法治报告等，加强法律专题培训。出台《四川省完善国家工作人员学法用法制度的实施意见》，健全党委（党组）中心组学法、政府常务会学法、人大常委会审议前学法、政协专委会学法和人民团体定期学法机制。坚持定期组织领导干部和公务员扎实开展法纪知识考试。全省司法行政系统加强机关法律顾问律师的遴选推荐和考核工作，推荐5200余名政治素质好、业务素质高的律师担任机关法律顾问，组建普法讲师团和法律人才库1200余个，开展机关法治培训1万余次。依托各地监狱、戒毒场所、人民法庭等建立法治教育基地300余个，在主流媒体和各级机关网站开设普法专栏3800余个，发布各类法治宣传信息、微博、微信、短信。

二是深入推进法律进学校。印发“法律进学校”实施意见、“法律进高校、中学、小学”工作方案，建立健全测评体系。全省教育系统积极开展校园法治主题活动，深入推进依法治校示范创建工作。全省推选法官、检察官、派出所所长、司法所长担任中小学校法治副校长、辅导员，编制发放中小学普法读物，开辟法治宣传教育第二课堂，推动在中小学校设立法律图书室（角）。开展“宪法法律进高校”活动，覆盖全省126所高校，省高级人民法院院长、省人民检察院检察长、司法厅厅长带头入校宣讲。

三是深入推进法律进寺庙。印发《法律进寺庙实施意见和工作方案》《寺庙法治宣传教育工作标准化建设工作方案》《寺庙法治宣传教育实施方案》《寺庙法治宣传教育“四进七有”工作方案》，对法律进寺庙各项工作进行安排。采取藏汉双语联合宣讲、高僧大德宣讲、律师服务团送法律进寺庙等方式，广泛开展送法学法活动，实现了藏区寺庙法律宣讲的全覆盖。选派优秀律师担任藏区寺庙法律顾问，开展“宪法藏区行”三年行动计划、律师公证服务团“送法进寺庙”、重点寺庙普法宣传等专项活动，进一步增强了僧尼法律意识，有效促进了藏区稳定。“宪法藏区行”三年行动计划、律师公证服务团“送法进寺庙”做法，在全国和五省藏区得到推广。

2015 年 12 月 14 日，阿坝州司法局深入郎依寺开展法治宣传教育活动。

四是深入推进法律进乡村、进社区。大力实施乡村、社区普法“六个一”工程，设立法治辅导站 7000 余个、法律援助工作站 5200 余个，组建法治宣传队伍 7000 余支，设置法治宣传栏 344 万个，培养“法律明白人”40 万人，发放便民法律服务联系卡 200 余万张。扎实开展“法律服务进万村”和“法治宣传进万家”活动，深入乡村（社区）开展法律服务、法律援助、法治宣传。组建法律服务小分队 14086 支，开展活动 5 万余场次，播放法治广播、电影 10 万余次，全省 3000 余万名群众实现了足不出村（社区）就能享受到优质高效的法律服务。

五是深入推进法律进企业、进单位。印发《法律进民企暨诚信守法企业示范创建工作三年规划》《法律进民企宣传教育活动三年规划》《法律进民企普法宣传工作实施方案》《民营企业“诚信守法企业”示范创建活动实施方案》，开展法律进民企培训，编印发放普法读物、资料，深入推进法律进民企工作。大力推进“法律进企业”，组织法律服务工作者开展企业“法律体检”、法律巡讲、出具法律意见书等。深入开展“外来企业服务专项活动”。在公共场所和窗口单位设立法治宣传栏、电子显示屏。开展“法律进医院”“三学联动”“春风行动”“法律进工地”等活动，受到群众一致好评。

### （四）大力加强法治文化建设

全省各地、各部门、各行业结合实际，积极推进社会主义法治文化建设，加强法治文化阵地建设，创新推广法治文化作品，完善法治宣传公共设施，广泛开展法治文化传播活动，为治蜀兴川营造了浓厚的法治氛围。

一是加强法治文化队伍建设。发展壮大专兼职法治文化队伍，大力培养乡土法治宣传人才，着力打造法治文化专业团队。各地组建法治文化宣讲团，“普法文艺轻骑兵”“心连心”艺术团等，深入到乡镇、社区、学校等开展法治文化宣传。

二是繁荣法治文化作品创作。结合地方特色，精心创作了一大批群众喜闻乐见、寓教于乐的法治文艺作品和法治文化用品。

三是推进法治文化阵地建设。把法治文化阵地建设纳入法治宣传教育工作整体布局，并作为重要民生项目大力推进，全省各地法治文化阵地得到迅猛发展。截至 2019 年 9 月，全省建立法治公园、广场、长廊等 2777 个，法治教育基地 1579 个，设立法律图书室（角）17647 个，设立法治宣传栏 27719 个。

九寨沟县法治文化长廊。

## 二、加强基层治理

习近平总书记强调,必须把抓基层打基础作为长远之计和固本之策,丝毫不能放松。基层治理的法治化水平直接影响法治社会的实现,为此,四川着力发挥法治建设在基层治理中的作用,积极探索实践,创新推行以党建为核心,法治、德治、自治的“一核三治”基层治理模式,走出一条符合四川实际的基层社会治理之路。

### (一)党建引领

始终坚持把加强党的领导、强化党建引领作为推进基层治理的核心,切实提升组织力、引领力,保障基层治理方向。

一是创新符合基层治理需要的党组织构架。在社区建立“大党委”制,研究解决社区内社会治安、环境整治、设施建设等涉及群众共同利益的事项;打破按行政区划设置村党组织惯例,采取强带弱、富带穷等方式建立联合村党组织。以村民聚居点、传统院落等划分网格,建立网格党小组,统筹做好网格内党建和社会治理各项工作,实现基层社会治理党的组织领导全覆盖。

二是建强带领基层治理的党组织班子。抓住“牛鼻子”,实施“能人进班子”计划,从返乡农民工、复退军人、机关退休干部等能人中优选基层党组织书记,同时从青年积极分子中选拔储备基层后备干部。加强基层干部法治培训,全面提升依法治理能力。严格落实《村(社区)干部管理办法》，督促干部担当尽责，发挥基层治理“头雁”作用。

三是党建引领基层社会治理实践。攀枝花市东区打造“四位一体”、创新“四会”模式、建设“五型”小区，切实以党建引领推动社区居民共建共治共享。眉山市探索“支部引领、群众参与、集中活动、常态治理”村级治理体系。雅安市在农村社区创新推行“一核三治一化”基层治理模式，即以党支部为核心，突出基层自治、区域共治、厉行法治，以文化人，充分发挥党支部的核心引领作用，加强各类治理力量间的良性互动，形成基层社会治理强大合力，强化政治引领功能，增强执政意识，推动党的路线方针政策在基层落地生根。

### （二）法治为本

加强法治乡村建设，深入开展法治宣传、法律服务、法治扶贫，夯实法治基层基础，推进平安乡村建设，为乡村振兴提供法治保障。

一是以文化浸润强化法治宣传。深入开展“法律七进”，打造提升“农民夜校”“百姓大讲堂”“以案释法”“法治文化长廊”法治细胞创建、法治人物事件评选、“互联网+普法”等法治文化阵地，让法律知识随处可见、可亲、可信。组建“乡村法律巡回宣讲队”，进村入户、送法上门，提升群众法治意识。推行“一村（社区）一法律顾问”制度，全省村（社区）基层党组织全部配备法律顾问，全面提升党员干部的依法办事决策能力。驻村律师承担为村民提供矛盾纠纷调解、法治宣传教育、帮助制定修改村规民约和合同协议、帮助困难群众依法获得法律援助等法律服务。

二是以法治保障脱贫攻坚。出台《农村扶贫开发条例》《关于进一步加强法治保障服务脱贫攻坚工作的意见》《贯彻〈关于创新机制扎实推进农村扶贫开发工作的意见〉实施方案》，依法管控精准识别对象、安排脱贫项目、监管脱贫资金、规范脱贫进出等关键环节。大力实施法治扶贫“五个一”工程，为每个贫困村聘请一位法律顾问、培养一批法律明白人、完善一个村规民约、掌握一套维权方法、化解一批矛盾纠纷。

三是以创新治理方式夯实法治根基。各地大力创新基层治理方式，破解基层民主法治难题，深入推进法治乡村建设，探索建立民生保障、困难群众、社会维稳三本台账。打造一个特色法治宣传阵地、一支法治服务队伍、一批特色经验的“1+1+1”基层治理模式，组建农村“法律诊所”网格，推广“六手印记”“法治村官”等新型村务管理模式，推行“三事分流、三社联动、三治并举”社区治理模式，①发挥法治的保障作用，助推基层管理服务的法治化、专业化、社会化。

四是以共建共治促进基层平安。探索建立“十户联防”制，组建治安义务巡逻队、民兵应急分队，设立治保会。

---

① “三事分流、三社联动、三治并举”社区治理模式：三事分流：“大事”即政府管理事项及公共服务，由政府部门负责解决；“小事”即社区公共事项及公益服务，由社区“两委”牵头，社区组织、社工和社区单位共同协商解决；“私事”即村（居）民个人事务和市场服务，由群众自行解决或寻求市场服务。三社联动：以社区建设、社会组织培育和社会人才队伍建设为“三大着力点”，通过三者之间的联动，尝试形成社区、社会组织和专业社工之间资源共享、优势互补、相互促进的良好局面。三治并举：自治、法治、德治。

建立“治安户长+雪亮工程+平安大喇叭”群防群治机制，实现“一户有警、全村联动，喇叭一响、天罗地网”。创新网格化治理体系，从传统的治安管理措施升级为综合性治理服务体系，全省共划分网格11万余个，配备23.1万名专兼职网格员和50余万名网格协管员，对网格内的人、地、物、事、组织等基本要素实行动态化、精确化、高效化服务管理，基本实现了“小问题不出网格、一般问题不出社区、突出问题不出街道”。

### （三）德治为先

坚持把德治作为农村精神文明建设的重要内容，大力弘扬优秀传统文化和文明风尚，积极引导群众形成崇俭向善、孝老爱亲、重义守信的良好道德规范。目前，四川已建成全国文明村镇222个，全国文明家庭14户。

一是弘扬传统文化。注重发挥传统文化引领作用，办好具有地方特色节庆文化活动，以文育人、以文化人，记住乡情、留住乡愁。通过传承传统文化、弘扬孝德文化、推动家风建设、深挖民俗文化、建立“一约四会”模式等，发挥传统文化在法治建设中的作用。

二是强化积分管理。探索建立“村民积分制管理+集体经济收益分红”机制，破解村民主体缺位、民主管理水平不高、村级组织号召力趋弱等问题，成为化解乡村治理突出问题和创新基层治理方式的有效途径。通过定期召开村务公开会、村民小组会，开展村级民主质询评议，宣布积分定级结果，抽取村集体经济收益的10%表扬先进，鲜明奖惩导向；同时，聘请村里公道正派、德高望重、敢于直言的"知客""乡贤"开展乡风民俗劝导，对大家公认的勤劳致富、孝老爱亲等示范户评星授红旗，对偷懒、赌博、忤逆等陋习家庭开展警示教育，将村民管理考评与自身利益挂钩，以量化考评教育引导村民自觉按照村规民约提素质、讲文明、树新风、扬正气。

三是注重典型引路。广泛开展"十佳道德模范""五好文明家庭""好媳妇""好儿女""好公婆"等群众自评自选活动。积极组建群众推荐、群众认可的新乡贤队伍，通过示范引领，促进乡风文明。开设"百姓大讲堂"，大力宣传道德模范、四川好人典型事迹，通过"身边人讲身边事、身边事教身边人"开堂论道，邀请道德模范深入基层开展主题宣讲，让群众成为传承良好家风、崇德向善的传播者、践行者。

### （四）自治为基

坚持把村（居）民自治作为促进基层治理的"奠基石"，建立村（居）民议事会，发挥群众主体作用，让群众提事、议事、定事，妥善解决一个个实际问题，激发群众参与基层治理的强大活力，提升老百姓获得感和满意度。

一是健全村规民约。印发《关于深入开展示范创建活动全面推进依法治村（社区）工作的通知》，将村规民约、居民公约作为基层依法治理的重要抓手。全省46318个村和

6517个社区修订完善了村规民约、居民公约，建立健全村规民约、居民公约的责任台账、监督管理和违反规约处理办法，把村规民约、居民公约作为集体产权处置、补偿安置、环境治理等方面法规的重要补充，推动规约“从墙上走到地下，从要求化为行动”，加快形成依法立约、以约治理、民主管理的基层治理良序。

二是加强“三资”管理。① 印发《四川省农村集体资金资产资源规范化管理办法（暂行）》，规范农村集体经济组织的“三资”管理。德阳市建立集体“三资”信息化监管平台；阿坝州加强农村财务管理，规范农村会计核算，防范村级债务风险。

三是丰富自治形式。建立“四议两公开”、社区听证、民情恳谈、民主评议、民主监督等制度，抓好群众自治、社区协商、“三社联动”、村务公开等工作，丰富完善村（居）民自治形式。

## 三、完善公共法律服务体系

公共法律服务体系建设是一项顺民意、惠民生、得民心的伟大事业，四川加快建设全业务、全时空的公共法律服务体系，健全全省公共法律服务平台，实现公共法律服务“抬头可见、扫码可得、触手可及”，不断提升人民群众的获得感、幸福感、安全感。

---

① “三资”管理：指农村集体资金、资产和资源。

公共法律服务平台示意图。

## (一)公共法律服务体系全域覆盖

加强公共法律服务实体、热线、网络三大平台建设。全省建成公共法律服务中心(站)4678个,基本实现省、市、县、乡、村五级实体平台全覆盖。省级“12348”法律服务热线与21个市(州)互联互通,服务时间从8小时工作制升级为全天候响应。2019年上半年,“12348”公共法律服务热线有效来电比去年同期增长31.86%,接听来电比去年同期增长78.85%,接通率比上年同期高13个百分点。推进“四川法网”升级改造,与“12348”中国法网成功对接,法律服务资源逐步上线,不断提升网络服务质量,持续提高驻场法律服务人员在线率。

### (二)公共法律服务领域不断拓展

开展涉军法律服务,四川省司法厅与西部战区空军签署涉军法律服务战略协作框架协议,建立了“西部战区空军四川省司法厅法律服务中心”。积极开展公证参与法院调解、送达、调查取证、证据保全、执行等司法辅助事务试点工作。积极开展服务知识产权保护,全省推进商标侵权、专利侵权、著作权侵权、知识产权质押担保、商标转让协议等知识产权公证办理和涉及知识产权保护的协议、遗嘱、赠与、继承等公证办理。积极服务金融风险防控,开展赋予债权文书强制执行效力公证等金融风险“事前”防范业务,加强对金融“事中、事后”纠纷的化解,全省公证机构累计与300多家金融机构建立战略合作关系。积极参与防范房地产市场风险,推动房地产调控政策落地。拓展司法鉴定服务领域,鼓励、扶持司法鉴定机构通过国家级资质认定,目前全省已有9家司法鉴定机构取得CNAS认可,为构建国际化营商法治环境给予服务支撑。积极开展环境损害司法鉴定业务,首批设立2家环境损害司法鉴定机构,遴选环境损害鉴定专家56名。

### (三)公共法律服务业务持续增加

截至2019年6月,全省共有律师事务所1484家,律师22356人,办理各类法律事务14万件,受理法律援助案件3.2万余件;公证机构209家,公证员920名,办理各类公证案件59.9万件;司法鉴定机构197家,鉴定人员3489名,办理业务 6.1 万件；人民调解机构 62433 家，人民调解员 21345 名，调解各类矛盾纠纷 21 万余件，调解成功率达 98.4%；仲裁机构 16 家，仲裁员 2102 名，受案 1996 件；基层法律服务所 1000 余家，基层法律服务工作者 3995 名，办理各类案件 3 万余件。全省共有 1.2 万名律师和基层法律服务工作者担任村居法律顾问，建立微信服务群 2.4 万个，实现贫困村法治宣传覆盖率、法律顾问配备率、贫困户法律援助受援率“三个 100%”。

（四）公共法律服务产品不断创新

2019 年 6 月 17 日，正式上线“一带一路”法律服务共享平台“丝法通”APP，整合律师、公证、司法鉴定、仲裁等专业涉外法律服务资源，通过“在线咨询、预约服务、专家会诊”等方式为“一带一路”企业提供涉外法律服务。目前，“丝法通”法律服务 APP 平台汇集 17 个国家的法律法规 130 余部，录入律师事务所 300 余家、公证机构 150 余家、鉴定机构近 70 家、仲裁机构 16 家，录入各类资讯 200 余条。以“温小法”①为代表的智能法律服务产品、以“法治阳光”为代表的藏区普法产品、以闲置农房使用权流转“三书模式”②为代表的服务乡村振兴法治产品等一大批优秀法律服务产品不断涌现。积极开展公证业务远程实时视频协同

① “温小法”是温江区司法局引入的目前国内最先进的智能公共法律服务法律机器人，“温小法”的“大脑”里汇集了超过 3 万个日常法律问题、3000 万份法院生效判决、超过 500 万字法律法规，涉及婚姻家庭、劳动人事、交通事故、知识产权、民间借贷、公司财税等与百姓生活、工作息息相关的八个领域。

② “三书模式”：《律师法律审查意见及见证书》《公证书》《交易鉴证书》。

办理试点工作，为当事人提供更加畅通便捷、优质高效的公证法律服务。指导甘孜、阿坝与成都市相关鉴定机构重组整合，推动藏区司法鉴定工作正常开展。保障民营企业发展“十项举措”“十个不准”，被人民网、新华网等多家媒体宣传报道。中央电视台《小区大事》系列节目《司法服务进行时》连续五期反映四川基层公共法律服务工作。广安市广安区人民调解员张剑霞同志、四川华西法医学鉴定中心张霁、四川鼎诚司法鉴定中心杜琳上榜中国法律服务网“公益法律服务之星”。

2018年6月，四川“一带一路”“丝法通”法律服务共享平台上线发布。

## 四、建设平安四川

坚持围绕中心、服务大局，党政主导、群众主体，打防结合、标本兼治，疏堵结合、宽严相济，统筹考虑活力与秩序、程序与实体、维稳与维权的关系，建立健全社会治安防控、矛盾纠纷多元化解、社会稳定风险评估等体制机制，坚守“三条底线”，深入开展扫黑除恶专项斗争，建设更高水平的法治四川、平安四川。

### （一）抓好社会治安防控

一是健全综治机构。以综治中心实体化建设为载体，积极探索全省社会治理体系和治理能力现代化建设之路，推动社会治理重心延伸拓展到城乡、社区。目前，省综治中心建成运行，15 个市（州）、136 个县（市、区）、2199 个乡镇（街道）、3803 个社区和 14024 个村完成综治中心建设，初步实现五级综治中心互联互通。

二是实施“雪亮工程”。全面推进“雪亮工程”建设联网应用，将全省农村“雪亮工程”建设与幸福美丽新村建设

眉山市“雪亮工程”监控大厅。

同步规划、同步推进，推动城乡社会治安防控体系提档升级，为促进社会和谐稳定提供有力科技支撑。截至 2018 年 6 月底，全省累计投入资金 17.9 亿元，完成 18531 个村（社区）建设并投入使用。

三是创新推进依法治理。切实肩负新时期政法工作“维护社会大局稳定、促进社会公平正义、保障人民安居乐业”三大使命，集中开展藏区社会全面依法治理、反恐防暴、危爆物品、网络安全、禁毒防艾等方面专项整治，探索建立监测、预警、救治、帮扶、服务、管理制度框架，深入推进平安四川建设。建立基层治理联席会议制度，压实基层治理责任。探索严重精神障碍患者服务管理，全面强化筛查、治疗、管理、救助措施，推动落实“以奖代补”引导监护人承担监护责任。印发《关于进一步加强初信初访办理工作的办法》《关于进一步规范信访事项受理办理程序引导来访人依法逐级走访的办法》《关于进一步加强网上信访工作的意见》，强化基层信访积案难案问题督查，开展土地征用、征地拆迁等重点领域依法治理。围绕征地拆迁、环境污染、移民安置等重点领域，强力开展涉众型矛盾纠纷排查化解工作。组织开展法治宣传进万家、法律服务进万村、万名法律服务工作者大法援、万名司法行政干部大走访、万名监狱戒毒民警大帮教等“五个一万”行动，把法律知识和法律服务送进千家万户。印发《关于全面推进法治公安建设的实施意见》《四川省集中开展安全生产大检查实施方案》，开展“尊法学法、规范执法、公布清单、提升管理、严格制度”五大行动，健全舆情监测、分析、研判、处置机制，深入推进

“一标三实”工作，①组织开展“猎狐”“辑枪治爆”“铁帚净网”等专项行动，依法严厉打击入室盗窃、电信诈骗等群众反映强烈的违法犯罪活动。2012 年至 2019 年 9 月，全省发现处置负面舆情 12 万余条，刑事立案 236 万余件，移送起诉 48 万余件，实现了“发案更少、秩序更好、社会更稳定、群众更满意”目标。

（二）守住“三条底线”

四川省委《关于深入学习贯彻习近平总书记对四川工作系列重要指示精神的决定》要求，坚持守土有责、守土负责、守土尽责，坚决守住社会稳定、安全生产、食品药品安全“三条底线”。

一是坚决守住社会稳定底线。以深化街面、社区（村）、单位和行业场所、区域边际、虚拟社会、线（路）治安防控“六张网”建设为基础，组织开展平安和谐网格、平安和谐社区（村）、平安和谐街道（乡镇）“三级联创”，健全立体化社会治安防控体系，深入千家万户排解矛盾纠纷和不稳定因素。对治安复杂、矛盾突出地区实行挂牌整治，严密排查管控涉恐重点人员和重点物品，做好反恐防暴。依法严厉打击群众关注度高、波及面广的涉众型经济犯罪和贪污贿赂犯罪。开展清理网上低俗信息、打击伪基站和新闻敲诈等集中治理行动，推进网络舆情监测、分析、研判、处置一体化。用法治方式强力推进藏区反分维稳、彝区禁毒防

① “一标三实”：标准地址，实有人口、实有房屋、实有单位。

艾、特大中心城市和区域中心城市反恐防暴，守住社会稳定底线，8类严重暴力犯罪案件明显下降。

二是坚决守住安全生产底线。建立党政同责、一岗双责、失职追责制度，完善安全隐患排查治理和应急救援体系，明确职责规定、强化职责落地、完善职责保障，通过严格执法守住安全生产底线，生产安全事故发生数、死亡人数大幅下降，“依法治安”的能力和水平大幅提升。

三是坚决守住食品药品安全底线。各级市场监管部门建立健全源头治理、全程追溯等“五大安全体系”，加强食品药品监管，深化药品、医疗器械专项整治，严厉打击食品药品违法犯罪行为，严格落实最严谨的标准、最严格的监管、最严厉的处罚、最严肃的问责，全力保障全川人民“舌尖上的安全”。

### （三）持续加强禁毒工作

紧紧围绕“摘除四川毒品问题标签、构建全社会禁毒大格局”目标，大力实施“五严”工程，积极构建符合四川毒情、适合时代要求的“五全”毒品治理体系，持续深化禁毒人民战争。

是实施“严打”工程，构建全链条打击毒品犯罪体系。落实《四川省公安厅“一长三推”打击毒品犯罪工作机制（试行）》，按照“三逢三查”①总体要求，以目标案件侦查为载体，对贩毒案件零包售卖、中转销售、源头批发三个环

① “三逢三查”：是指逢吸毒必查贩毒、逢贩毒必查制毒、逢制毒必查源头。

节进行全面打击。严打涉毒犯罪经济基础,最大化查缴各个环节涉案人员、毒品、资产。深挖涉毒黑恶势力及“保护伞”,严厉打击幕后组织者和集资者。健全堵源截流工作机制,构建区域协作、情报导查、延伸侦查、联查联控的“水陆空邮”立体化防控体系,持续开展片区集中查缉行动。完善部、省、市目标案件机制,强化大要案件集群合成作战,充分发挥“泛西南”等区域禁毒协作机制作用,加强省际禁毒警务协作,加强境内外追逃。

二是实施“严管”工程,构建全要素监管制毒物品体系。强化重点地区涉毒高危人员查控,全面加强 6 类制毒重点关注人员与外流贩毒人员排查。强化易涉毒行业及制毒物品监管,落实“三个必查”,①推动“四川省易制毒化学品信息管理系统”的“实地检查”模块建设和应用工作。加强制毒设备和非列管化学品的排查管控,建立重点制毒设备销售、出租、出借和红磷生产、销售实名登记制度,确保100%注册录入。加强寄递物流行业规范化管理,推动成都市金牛区等 6 个物流寄递禁毒管理试点县工作。落实街道(乡镇)禁毒工作责任,建立联合摸排、台账跟踪、定期检查的工作制度。深化“天目”铲毒行动,探索建立毒品原植物种植早期预警机制,最大限度地打击和遏制非法种毒活动。

三是实施“严戒”工程,构建全环节管控吸毒人员体系。持续开展“大排查、大收戒、大管控”工作,加强涉网吸毒人员查处以及“重嫌必检”“毒驾”专项治理,最大限度地

① “三个必查”:是指逢进出口必查化学品用户用途,逢制毒案件必查化学品源,逢疑似流失必查化学品去向。

发现社会面隐性吸毒人员,依法处置,应收尽收。加强和规范社区戒毒社区康复工作,建立基层医疗机构协同戒治工作机制。加强戒治基础设施建设,统筹推进公安和司法行政强制隔离戒毒场所、“爱之家”禁毒防艾法律服务工作站、凉山州“绿色家园”建设。加强病残吸毒人员收治,建立健全出所吸毒人员与社区戒毒社区康复工作衔接机制。完善戒毒人员帮扶救助服务体系。

四是实施“严防”工程,构建全覆盖毒品预防教育体系。深入实施青少年毒品预防教育工程,将禁毒知识纳入学校教学及考核,建立毒品预防教育师资培养培训基地。推广全国青少年毒品预防教育数字化平台,持续开展禁毒宣传“六进”工作,①基本形成日常宣传与集中宣传、传统媒体与新兴媒体、新闻媒体与专业媒体、传统传播方法与新技术手段相结合的宣传格局,强化重点群体的毒品预防教育,制定重点群体染毒应急处置预案和帮教工作制度。

五是实施“严测”工程,构建全方位毒情监测预警体系。加强全省“2+4+N”毒品实验室体系建设,夯实省级毒品实验室技术力量,加强毒情监测,科学客观评价各地毒情形势。充分发挥“驻滇办”和省、市两级禁毒情报专班作用,强化警种协作,建立跨行业情报交流机制,提高情报导侦、精确打击和阵地控制能力。深入实施禁毒大数据战略,建立完善吸毒、贩毒、制毒人员数据分析模型,提升预测预警预防的综合能力。加强毒情监测技术、毒品检验技术、数

---

① 禁毒宣传“六进”工作:进学校、进社区、进农村、进单位、进家庭、进场所。

据挖掘分析等科学研究和应用，构建科学、有效、系统的“全省重点整治地区禁毒指数分类监测评估体系”。

### （四）深入开展扫黑除恶专项斗争

坚决贯彻落实党中央、国务院的决策部署，按照建设法治四川、平安四川总体要求，紧紧围绕“一年打击遏制、两年深挖根治、三年长效常治”目标任务，大力开展扫黑除恶专项斗争，打掉一批黑恶势力和背后“保护伞”，推动对黑恶犯罪打击整治更加法治化、制度化、长效化，为全省社会经济发展营造了良好社会环境。

一是坚持依法严惩，保持高压态势。紧盯中央明确的10类黑恶势力违法犯罪，聚焦反分维稳、禁毒防艾等涉黑涉恶犯罪，把打击锋芒始终对准群众反映最强烈、最深恶痛绝的黑恶势力违法犯罪，加强线索核查，依法重拳出击，严格办案标准，确保打深打透，形成打击黑恶势力犯罪的压倒性态势。截至2019年8月底，全省共打掉涉黑组织62个、涉恶犯罪集团420个，群众安全感达到94%。全省涉黑涉恶案件办理实现零投诉、零控告。

二是坚持深挖彻查，强力“破网打伞”。把查处黑恶势力“保护伞”作为主攻方向，严格落实“两个一律”①“一案三查”②要求，完善纪检政法协作配合机制，严格执纪问责，

① “两个一律”：对涉黑涉恶犯罪案件，一律深挖其背后腐败问题，对黑恶势力“关系网”“保护伞”，一律一查到底、严肃处理，绝不姑息。

② “一案三查”：既要查办黑恶势力犯罪，又要追查黑恶势力背后的“保护伞”，还要倒查党委政府的主体责任和部门的监督管理责任。

聚焦聚力深挖黑恶势力幕后的深层次问题，对黑恶势力“关系网”“保护伞”一查到底，绝不姑息。

三是坚持源头治理，整治行业乱象。加强对刑事治安案件高发、涉黑涉恶线索举报集中、群众安全感满意度较低的重点地区的排查整治，把专项斗争纳入藏区依法常态化治理，在彝区深入开展攀爬盗窃、利用宗族势力集资贩毒等专项治理，确保社会治安形势总体持续向好。坚持边扫边治边建，组织开展5大行业乱象专项整治，重拳整治住建、交通运输、水利、文化旅游、市场监管等重点行业领域乱点乱象，完善落实常态化监管机制，营造规范有序的市场环境。

四是坚持固本强基，筑牢防范堤坝。不断增强基层组织对黑恶势力“免疫力”，将扫黑除恶专项斗争与依法打击“村霸”“乡霸”和农村治乱相结合，全面推进软弱涣散基层党组织整顿提升，持续净化村（社区）“两委”队伍，筑牢防范黑恶势力滋生的堤坝。

### （五）推动社会稳定风险评估法治化

2010年出台中国首部风险评估省级政府规章《四川省社会稳定风险评估暂行办法》，深入推进风险评估全覆盖。2016年8月，四川省政府第125次常务会议审议通过《四川省社会稳定风险评估办法》，明确开展风险评估的组织体系和职责，明确了开展社会稳定风险评估工作的决策主体、评估主体、实施主体，完善了重大行政决策评估的范围，将社会稳定风险评估内容明确为合法性评估、合理性评估、安全性评估、可行性评估、可控性评估等5个方面，完善评估内容。优化社会稳定风险评估工作程序，明确了制订评估方案、收集相关信息、识别风险因素、制定预防措施、确定稳定风险评估等级、确定评估结论、编制社会稳定风险评估报告内容规定等七步具体程序。规范了购买社会服务的内容，明确规定了社会稳定风险评估工作有关法律责任。各地各部门认真贯彻，从制度体系、组织保障、评估指标、中介组织、目标考核等方面积极探索实践，着力提升社会稳定风险评估工作科学化、规范化、本地化水平。将社会稳定风险评估作为维稳目标责任纳入省委省政府绩效考核内容。党的十八以来，全省累计开展重大事项社会稳定风险评估5.8万余件（截至2018年年底），从源头上防范化解了大量社会不稳定因素。

2019年5月22日，石棉县组织相关部门对石棉SM-1城镇基础设施项目S211道路封闭施工车辆绕行开展社会稳定风险评估。

### (六)构建矛盾纠纷多元化解机制

着力构建矛盾纠纷多元化解机制,切实解决影响社会和谐稳定的源头性、根本性、基础性问题,有力维护全省社会稳定。

一是坚持党政主导。各级党委、政府和有关部门成立了矛盾纠纷多元化解工作领导小组,形成了强有力的矛盾纠纷多元化解工作组织领导体系。对县乡村三级主要负责人集中培训,提高化解矛盾纠纷能力。在市县乡三级建立“矛盾纠纷多元化解协调中心”,在村(社区)和相关部门、单位及社会团体、协会建立调解室,形成纵向延伸省、市(州)、县(市、区)、乡镇(街道)、村(社区)五级,横向覆盖各区域、各行业以及社会管理各个方面的矛盾纠纷多元化解组织网络。各级党委、政府把矛盾纠纷多元化解工作列入重要议事日程,纳入党政目标管理,纳入各级领导班子和领导干部抓综治、维稳工作的实绩考核,加强督导检查,推进矛盾纠纷多元化解工作深入开展。

二是坚持和发展新时代“枫桥经验”。创新矛盾纠纷多元化解机制,继承发展新时代“枫桥经验”,构建“公调对接”“诉非衔接”“访调对接”等多元化解新模式。坚持调解优先、自愿合法原则,注重法、理、情、德、利有机结合,把调解工作贯穿于解决民间纠纷、处理行政争议和司法诉讼的全过程,建立人民调解、行政调解、司法调解既充分发挥作用,又衔接联动的矛盾纠纷多元化解工作新机制。深化人民调解，新建一批企业改制、土地征用、房屋搬迁、劳动争议、教育医疗、食品药品安全、交通事故、边界纠纷等行业性、专业性、区域性调解组织，扩展人民调解的覆盖面，创新行政调解，建立由各级政府负总责、司法行政部门牵头、政府各职能部门为主体的行政调解工作新体制。提升司法调解，各类司法调解组织实行全员、全域、全程调解，推行立案调解、轻微刑事诉讼案件和解、行政诉讼案件协调和执行和解，对接把矛盾纠纷化解在诉前，延伸到涉诉信访、申诉再审案件，实现了司法调解的纵深发展。延伸社会调解，将具有调解职能的消费者委员会、贸促会、工会、共青团、妇联等社会团体及其他社会民间调解组织纳入矛盾纠纷多元化解工作体系，推动矛盾纠纷多元化解网络的全覆盖。充分发挥矛盾纠纷多元化解工作领导小组和“矛盾纠纷多元化解协调中心”的统筹协调作用，实行联席会议制度，协调解决重大、疑难矛盾纠纷和跨行业、跨部门、跨区域矛盾纠纷。建立人民调解、行政调解、司法调解衔接联动的工作流程、对接程序、效力确认等制度，形成化解矛盾纠纷、促进社会和谐的合力。健全联合排查、综合研判和分流处理、分级化解、督查督办机制，设立调解工作台账和信息管理平台，建立矛盾纠纷多元化解分级分类培训制度和调解工作考评机制，促进调解工作规范、有序、高效开展。推进诉非衔接、诉源治理实质化，为群众提供一条“零收费高效解纷绿色通道”。

通过构建矛盾纠纷多元化解机制，实现定分止争、案结事了，有力地维护了藏族聚居区、地震灾区和全省社会稳定。实践表明，矛盾纠纷多元化解，调解的是矛盾，调顺的是民心，调稳的是执政根基。

# 第七部分　四川民族自治地方法治建设

**摘要**：民族区域自治制度是我国的基本政治制度之一，是建设中国特色社会主义政治的重要内容，为维护国家统一稳定、繁荣和谐、民族团结奠定了坚实的基础。四川民族自治地方认真贯彻《宪法》《民族区域自治法》等法律、法规，以藏区依法常态化治理、彝区依法禁毒防艾、民间调解规范化建设等工作为重点，把民族自治地方各项事业全面纳入法治化轨道，推动民族自治地方经济社会健康发展，绘就了民族团结进步和蓬勃发展的壮丽画卷。

## 一、民族自治地方概况

四川民族特色明显，仅世居少数民族就有 14 个，①更是全国最大的彝族聚居区、第二大藏族聚居区和唯一的羌族聚居区，全省少数民族人口 556.6 万人，民族自治地方幅员面积 30.5 万平方公里，占全省总面积的 62.8%。按照《宪法》《民族区域自治法》规定，经党中央、国务院批准，四川先后设立了 3 个自治州、4 个自治县。

---

① 14 个少数民族分别是彝族、藏族、羌族、回族、苗族、土家族、白族、傈僳族、蒙古族、满族、纳西族、傣族、布依族、壮族。

### (一)民族自治州

甘孜藏族自治州位于四川西部,青藏高原东南缘。1950年3月27日康定军事管制委员会成立,对西康省政府各部门进行接管。1950年11月24日,西康省藏族自治区人民政府成立,隶属西康省人民政府,自治区政府驻康定。1955年3月,改西康省藏族自治区为西康省藏族自治州。同年10月1日,西康省大部并入四川省,西康省藏族自治州更名为四川省甘孜藏族自治州。全州辖康定、泸定、丹巴、九龙、雅江、道孚、炉霍、甘孜、新龙、德格、白玉、石渠、色达、理塘、巴塘、乡城、稻城、得荣18个县。面积15.3002万平方公里,居住着藏族、汉族、回族、彝族、羌族、纳西族等

1950年11月17日,召开西康省藏族自治区第一届各界人民代表大会。

20多个民族。2018年末户籍人口为110.05万，其中藏族占78.4%。州府康定是全州的政治、经济和文化中心。

阿坝藏族羌族自治州位于四川西北部，地处青藏高原东南缘、横断山脉北端与川西北高山峡谷的结合部。1953年1月建立四川省藏族自治区，1955年12月更名为阿坝藏族自治州（州府驻刷经寺，1958年迁至马尔康），1987年7月更名为阿坝藏族羌族自治州。全州辖马尔康、金川、小金、阿坝、若尔盖、红原、壤塘、汶川、理县、茂县、松潘、九寨沟、黑水13个县，面积8.42万平方公里。2018年年末总人口为90.49万人，其中，藏族占59.3%，羌族占18.5%。

凉山彝族自治州位于四川西南部，为中国最大的彝族聚居区。1950年12月，成立西康省西昌专员公署委员会。1952年从西昌专区析出部分县成立西康省凉山彝族自治区，首府驻昭觉。1955年4月15日，更名为凉山彝族自治州。凉山州与西昌专员公署同属西康省，1955年10月西康省撤销，西昌专区、凉山州改属四川省。1978年撤销西昌专区，其中，米易、盐边2县划归攀枝花地区（今攀枝花市），其余并入凉山州，州府由昭觉移驻西昌。全州辖西昌市（县级市）、盐源、德昌、会理、会东、宁南、普格、布拖、金阳、昭觉、喜德、冕宁、越西、甘洛、美姑、雷波和木里藏族自治县等17个县（市），面积6.04万平方公里。2017年年末总户籍人口521.29万人，少数民族人口293.51万人，占56.32%人，其中彝族人口275.73万人，占52.89%。

### （二）民族自治县

乐山市马边彝族自治县 1984 年 10 月 1 日成立，位于四川盆地西南边缘小凉山区域，面积 2293 平方公里。2017 年末户籍人口 21.5 万人，其中彝族占 47.51%。全县辖 5 镇 15 乡。

乐山市峨边彝族自治县 1984 年 4 月成立，位于四川西南部，面积 2395 平方公里。2016 年年末人口 14.88 万人，其中彝族占 36%。辖 6 个镇 13 个乡。

凉山彝族自治州木里藏族自治县 1953 年 2 月 19 日成立，地处青藏高原东南缘，平均海拔 3100 米，面积 13246.38 平方公里。2016 年年末总人口 13.99 万人，其中藏族 46127 人，占 32.88%。下辖 3 个区、1 个镇、28 个乡。

绵阳市北川羌族自治县 2003 年 7 月 6 日成立，位于四

2003 年 7 月 6 日北川羌族自治县成立庆祝大会。

川盆地西北部，幅员面积 2867 平方公里。2016 年年末总人口 24 万人，其中羌族人口近 8.5 万人，占 36%。辖 9 个镇 13 个乡。

## 二、民族自治地方立法①

新中国成立 70 年来，四川坚持法治统一与依法行使民族区域自治地方立法权相结合，创新开展民族自治地方立法，形成了四川特色的民族自治地方立法实践，实现了从无到有、从少到多、从数量增长到质量提高的跨越，有序推进民族自治地方各项事业迈入法治轨道，逐步实现民族自治地方依法常态化治理。

四川民族自治地方立法始于新中国成立初期。从 1950 年西康省藏族自治区制定《西康省藏族自治区人民政府的工作任务》，至 1965 年第三届全国人民代表大会常务委员会第十四次会议批准《四川省凉山彝族自治州各级人民代表大会和各级人民委员会组织条例》《四川省甘孜藏族自治州各级人民代表大会和各级人民委员会组织条例》的 15 年间，四川共制定 6 件民族组织地方法规。1979 年底四川省人大常委会设立，四川民族自治地方立法正式起步。截至 2019 年 9 月，四川各民族自治地方共制定各种形式的民族自治地方法规 108 件，修正 20 件，废止 17 件，现行有效 91 件。结合国家法治建设进程及本省民族自治地方立

---

① 本部分文字材料依据西南民族大学陈恩美教授《民族自治地方立法"四川模式"之形成及其基本特征》（载《民族学刊》2015 年第 3 期），内容稍有删改。

法特征,四川民族自治地方立法 40 年发展历程可大致分为四个阶段。

### (一)起始阶段

1979 年—1987 年,共批准制定民族自治地方法规 7 件:3 件自治条例、3 件施行《婚姻法》的补充规定、1 件施行《中华人民共和国全国人民代表大会和地方各级人民代表大会选举法》的变通规定。本阶段四川民族自治地方已开始依法行使民族自治地方立法权,但民族自治地方立法总量偏少,内容相对单一。

### (二)发展阶段

1988 年—2002 年,共批准制定民族自治地方法规 47 件,修改 8 件,年均立法量超过 3 件,本阶段民族自治地方立法的"发展"势头强劲。立法数量大幅增加,年均立法量高达起始阶段的 3 倍以上;立法内容不断丰富,民族自治地方立法开始与经济发展契合。除马边、木里和峨边自治县继续制定自治条例和实施《婚姻法》的补充规定外,增加了有关计划生育(制定 5 件、修改 2 件)、义务教育(6 件)、继承(3 件)、语言文字(4 件)等基本权利的规范,开始制定土地资源(制定 5 件、修改 1 件)、矿产资源(制定 6 件、修改 2 件)、草原资源(制定 3 件、修改 1 件)、飞机播种林、家禽家畜防疫、药材菌类、邛海等自然资源保护和开发利用方面的民族自治地方法规。

### （三）完善阶段

2003年—2012年，本阶段民族自治地方立法着力于“完善”和“创新”。一是立法数量稳步上升。批准制定民族自治地方法规30件，修改11件，废止11件，年均立法量超过5件。二是修改力度明显加大。对11件民族自治地方法规进行修改，约占34年民族自治地方法规修改总数的60%。三是将废止民族自治地方法规提上日程。本阶段之前，重制定、轻清理，民族自治地方法规的失效主要通过“自行失效”的方式实现，即因新的民族自治地方法规经省人大常委会批准生效后，旧的民族自治地方法规自然失效的情形；本阶段重视对于民族自治地方法规的主动清理，即以民族自治地方制定专门的“废止决定”并经由省人大常委会批准而失效，40年来四川通过专门“废止决定”方式而失效的11件民族自治地方法规均发生在本阶段。四是经济法律类民族自治地方法规成为重点。本阶段省人大常委会共批准制定自治法规30件，专门规范水资源、草原资源、湿地、风景名胜等生态环境的保护与开发利用的高达17件，约占立法总数的60%。五是标志性自治法规不断出现。《北川羌族自治县非物质文化遗产保护条例》《阿坝藏族羌族自治州突发事件应对条例》《阿坝藏族羌族自治州宗教管理条例》等一批创新性民族自治地方法规在全国率先出台，形成“四川模式”之亮点和支点。至此，民族自治地方立法“四川模式”基本构架形成。

### （四）新时代发展阶段

2013年至2019年9月批准制定民族自治法规22件，修改8件。民族自治地方通过深化改革、促进发展、解决问题的能力明显提升。如2014年7月30日，四川省第十二届人民代表大会常务委员会第十次会议第二次全体会议同时表决通过了《北川羌族自治县矿产资源管理条例》《北川羌族自治县城市管理综合行政执法条例》，解决了较为突出的社会问题。四川支持民族自治地方利用立法权优势对上位法作出补充、变通规定。保证重大改革事项依法在民族自治区内先行先试的决策在全国率先付诸实践。

## 三、民族自治地方治理

四川结合民族特色，坚持民族区域自治基本国策，运用法治思维、法治方式，全面推进民族自治地方社会治理、矛盾纠纷调解、藏区依法常态化治理、彝区依法禁毒防艾等工作取得明显成效。

### （一）依法规范民间调解

在十白年发展中，民族自治地方形成了一套独具民族特色的习惯法，为少数民族群众协调关系、定分止争起着积极作用。随着时代的发展，四川将深入实践新时代“枫桥经验”与民族地区实际情况相结合，逐步将民间纠纷纳入了规范化、法治化轨道，进一步筑牢了国家法在明确民族地区权利与义务关系、维护民族地区生产生活秩序、确保民族地区社会稳定和谐等方面的主体地位。

一是推进藏区民间调解规范化。四川藏区群众发生纠纷时往往首选民间调解，把法律当做解决问题的最后途径。在推进藏区民间调解规范化、法治化建设的过程中，四川注重发挥藏区民间调解积极作用，坚决打击有违法治的非法民间调解，有效维护了司法权威，有力促进了藏区社会安全和谐。

其一，整治非法民间调解与规范人民调解结合。对民间调解骨干人员和活跃分子进行全面摸排、分类建档，由相关部门组成的联合整治工作组对非法民间调解活跃分子进行训诫、对非法民间调解组织进行取缔，有效遏制非法民间调解行为。同时大力推进以乡镇人民调解委员会为主导，村（社区）人民调解委员会为基础的人民调解组织建设，实现了州、县、乡、村四级调解组织全覆盖，推进人民调解"家门口化"服务，提高服务质量，从源头上消除非法民间调解生存空间。

其二，整合吸纳调解资源与调解专业培训相结合。坚持自愿和引导相结合的方式，把民间有威望、有影响、有能力、讲公道、重法律的寺院高僧大德、民间人士纳入人民调解组织。制定《人民调解员管理办法》，实行考核和持证上岗，定期进行集中培训，提升调解能力，打造一支群众信服、能力专业、管理规范的调解队伍。

其三，完善调解机制与强化工作保障相结合。建立党委政府总揽、各方联动协作的多元矛盾纠纷化解工作机制，出台诉调对接工作实施方案，制定规范民间调解管理办法，建立人民调解结果认定与运用机制，形成了完善的矛盾纠纷化解机制。阿坝州出台《人民调解规范化建设意见》，按照“一案一补、谁调解补偿谁”的原则，进行“个案补贴”，激发了基层人民调解组织活力。

二是探索“德古”①调解法治化路径。“德古”调解是彝族地区群众处理纠纷的首选，但也存在标准不统一、方式不规范、有违国家法制统一等消极影响。四川积极探索“德古”法治化建设路径，推进“德古”角色、资质、职能规范化和法治化，让“德古”这一古老角色在脱贫攻坚、普法守法、禁毒防艾等重点工作中充分发挥先行者和倡导者作用，为推动彝族地区发展起到了积极作用。

其一，构建“德古+法律”模式。2007年，四川在凉山试行将“德古”纳入特邀人民陪审员队伍，引导“德古”参与调解，构建了“德古+法律”新模式。2016年，在规范民间“德古”调解课题调研的基础上，形成了《凉山州“德古”管理制度》《凉山州“德古”调解工作守则》《凉山州“德古”调解参与矛盾纠纷调解机制》等21项制度，通过划片管理、法治培训、经费保障，对“德古”调解进行规范，充分发挥了“德古”调解在彝区群众中的积极作用，减轻了人民群众负担。

其二，推行“德古+法律+协会”模式。在峨边县和马边县，当地政府通过收集、整理“德古”调解案例进行总结归

---

① “德古”系彝语音译，在彝语中是对人的最好评语，代表着高尚的品德和深奥的智慧，是在彝族群众中具有较高威望，并专门从事矛盾及纠纷调解的人员。最早由部落首领担任，后逐渐由部分熟悉社会习俗规范、能言善辩、公正无私、不偏不倚的普通群众担任，并被人们认可。

构建"德古+法律"模式，发挥"德古"调解在彝区群众中的积极作用。

纳、成立民间"德古"文化协会、特邀"德古"人民调解员等方式，对"德古"的身份进行确认，对他们的调解方式进行规范，并构建起了覆盖县、乡、村三级的调解网络，实现了人民调解组织100%全覆盖，让"德古"调解成为政府司法体系的有益补充。

三是创建羌族文化特色的调解工作模式。羌族群众中普遍存在"议话坪""转转酒"等矛盾纠纷化解的方式。四川通过建立"调解员信息档案"，将公道正派、群众信赖的"母舅""老命"等纳入人民调解员群体，同时在法院庭审中采取"法官+羌族调解员+当事人"的模式，通过羌族群众习以为常的"转转酒""议话坪"等形式开展调解，实现了司法调解、人民调解、行政调解内在互动的协调对接，建立了符合民族地区特点的多元化纠纷解决机制，有效地将民间传统调解方式成功纳入国家法治轨道。

### （二）创新推行法律进寺庙“四进七有”工作模式

四川在全国“法律六进”的基础上增加“法律进寺庙”，并围绕法律进寺庙”进什么，怎么进，进没进”等关键性问题，大胆探索，务实创新，形成了独具四川特色并可复制推广的“四进七有”工作模式。“四进”即法治宣讲、普法读物、法宣阵地、法律服务四项内容进寺庙；“七有”即保证法律进寺庙活动中有联合宣讲团、有专题法治培训、有双语普法读物、有法治宣传栏、有法律图书角、有“法律明白人”、有法律服务联系点。

一是推进“法治宣讲进寺庙”。着力宣讲团建设、巡回宣讲、专题培训三个关键点，完善相关部门沟通协调、后勤保障、宣讲队伍管理、宣讲干部培训“四项制度”，在每个藏区县组建一个联合巡回法治宣讲团，每年至少对辖区内寺庙入寺进行一场（次）座谈式、互动式法治宣讲，做到“精准滴灌”。宣传、统战、司法等部门坚持把法治宣传教育作为寺庙群众工作、僧尼培训班和学衔教育的重要内容，开展“百名法官法律专家进寺庙”“高僧大德现身说法”“同心律师服务”等三大活动，在广大寺庙僧尼中开展爱国爱教、持戒守法，新旧对比、感恩奋进，全面小康、美好生活“三项教育”，重点解决“隔靴搔痒”和“两张皮”问题。建立完善由宣传和统战部门牵头，政法、民族宗教、教育、文化、卫生、科技等部门和佛协等人民团体多方力量共同参与的寺庙大宣讲机制。

二是推进“普法读物进寺庙”。通过在寺庙编发“以案说法”普法读物、播放法治宣传专题片、发放法治文化生活用品,引导寺庙僧尼学法用法。组织召开藏传佛教界学习贯彻新《宗教事务条例》座谈会,编印“藏传佛教僧尼学法用法丛书”。甘孜州在州广播电视台开设《法治甘孜》栏目、《推进依法治州建设法治甘孜》专栏,增强法治宣传力量。阿坝州在《阿坝日报》藏文版设立法治宣传专栏,开设“法治阳光”栏目、“阿坝司法”微信公众号等宣传平台,强化法治宣传教育的传播力。

三是推进“法宣阵地进寺庙”。着力推行宣传阵地标准化,在每个寺庙建立一个法治宣传栏、一个法律图书角、培养一个以上“法律明白人”,配套制定寺庙法治宣传栏管理、法律图书角管理、“法律明白人”培养管理“三个办法”,加强对寺庙“法律明白人”的物色、培养和集中培训。阿坝州红原县注重“法律明白人”的培养和管理,把一批爱国爱教、素质较高的优秀僧侣充实到“法律明白人”队伍中来。甘孜州甘孜县建立社会各界参与“法律明白人”培养管理制度,打造了一支带头学法守法的僧尼队伍。全省藏区实现了寺庙法治宣传栏、法律图书角、“法律明白人”的全覆盖。

四是推进“法律服务进寺庙”。自 2012 年组建“同心律师服务团”与藏区法律服务工作相配合,逐步实现了全省藏区寺庙法律服务联系点的全覆盖;同时不断健全法律服务联系点工作制度,通过为寺庙建设法律文化广场,建立同心法律书屋，开展宗教与法律讲座，进一步增强服务团法律帮扶效果。截至2018年，四川同心律师服务团扩大至32个，实现对藏区县（市）全覆盖。通过开展法治宣传、专题法律讲座、法律咨询服务、提供法律意见书等形式，逐渐将服务对象覆盖至包括寺庙僧侣、农牧群众、机关干部、贫困家庭在内的广泛对象，受到了广大群众的信赖。

### （三）依法禁毒防艾

四川在推动凉山社会治理和脱贫攻坚工作中，始终将禁毒防艾作为扶贫与扶志扶智相结合的重要基础，通过深入开展禁毒防艾人民战争，引导群众依靠自己的双手摆脱贫困、勤劳致富。

一是健全禁毒防艾工作体制机制。在2017年国家卫生计生委和四川省委、省政府联合启动实施凉山州艾滋病防治和健康扶贫三年攻坚行动基础上，省委办公厅、省政府办公厅于2019年印发《关于精准施策综合帮扶凉山州全面打赢脱贫攻坚战的意见》，要求进一步加大禁毒防艾综合防治力度。凉山州委政府先后配套出台了《凉山彝族自治州禁毒条例》《凉山州艾滋病防治和健康扶贫攻坚第一阶段行动方案（2017—2020年）》《凉山州禁毒攻坚行动工作方案（2018—2020年）》《凉山州毒品预防教育工作方案》等一系列地方法规、管理制度和管理办法，为全州禁毒防艾构建起了完整的工作体制机制，依法开展禁毒防艾。

二是强化禁毒防艾宣传。创新实施禁毒法治宣传教育

"456"模式,①深入开展"千村万户"禁毒大宣讲大教育,实现禁毒防艾宣传全域覆盖、知识全民普及、意识全面提升。以校园禁毒教育建设为主阵地,开展禁毒防艾知识教育。创建"爱之家"禁毒防艾服务平台,常态化开展禁毒防艾法治宣传教育和公益性法律咨询服务,做好强戒出所人员对接、教育、帮扶、救助等工作。创新民族特色禁毒防艾宣传教育模式,开发具有民族特色的影视剧、歌曲、读本,增强禁毒防艾宣传的吸引力、感染力、渗透力。

三是培育健康文明新风。深化健康文明新生活运动,有力推动"讲文明、尚科学、改陋习、树新风"进学校、进村寨、进家庭活动。广泛开展"禁毒防艾文明村寨"、"禁毒防艾文明户"和"无毒社区"、"无毒村社"、"无毒单位"创建,增强崇尚追求现代文明的内生动力。开展"凉山好人"、优秀志愿服务组织和志愿者、"凉山百佳孝女、孝媳、孝子、孝婿、好母亲"、"美德少年"等评选表彰活动,用身边人身边事教育引导群众,形成团结奋斗、致富奔小康的强大合力。

四是创新戒治管控机制。积极推进"1+15+N"绿色家园项目模式,建立"三戒三管"闭环戒治管控机制,即强制隔离戒毒所"强制戒"、社区戒毒康复工作站"分散戒"、"绿色家园"社区"集中戒",乡镇基层组织"跟踪管"、外出务工异地服务"延伸管"、外流贩毒对口整治"兜底管"。建立吸

---

① "456"模式,即4个重要时间节点:岁末年初外出务工返乡人员禁毒集中宣传月、6月全民禁毒宣传月、8月重点场所及从业人员宣传月、9月秋季新生入校禁毒集中宣传月;5个宣传主阵地:学校、机关、场所、农村、社会;6类重点人群:在校学生、社会失学失业失管青少年、农村留守青少年、外出务工人员、服务行业就业人员、企业青年职工。

毒人员服务管理系统"索玛花"工程，构建起"数据相通、环节相接、工作协作、多位一体"的凉山涉毒人员管控模式。

2017 年"6・26"国际禁毒日，开展禁毒法治宣传。

五是开展禁毒防艾治理。加强县、乡、村三级禁毒专业队伍建设，强化协作配合，深入开展毒品专项治理，严厉惩治毒品违法犯罪，打团伙、挖毒枭、断通道、摧网络、净土壤。2018 年国家卫健委等五部门联合印发了《健康扶贫三年攻坚行动实施方案》四川大力实施艾滋病防治和健康扶贫三年攻坚行动，形成了"党政管理是关键、疾控转介是基础、医院治疗是核心、母婴阻断是政治责任、人员配备是保障、督导考核是支撑"的工作机制，为取得三年攻坚行动的最终决胜奠定了坚实基础。

# 第八部分　构建新时代法治四川新格局

**摘要：**四川深入学习贯彻习近平总书记全面依法治国新理念新思想新战略，深入贯彻落实党的十九届四中全会精神，围绕"一干多支、五区协同""四向拓展、全域开放"的决策部署，坚持"把治蜀兴川各项事业全面纳入法治化轨道，把四川法治建设提高到一个新水平"，坚持依法治省、依法执政、依法行政共同推进，坚持法治四川、法治政府、法治社会一体建设，全面推进四川科学立法、严格执法、公正司法、全民守法，不断开创新时代治蜀兴川新局面。主动融入"中国之治"，用四川法治成就谱写法治中国壮丽蓝图的四川篇章。

## 一、高规格构建依法治省运行机制

### （一）加强党对法治工作的全面领导

四川高度重视法治建设，响亮提出"治蜀兴川重在厉行法治"，并在全国率先出台《四川省依法治省纲要》，成立了高规格依法治省领导小组，取得了靓丽的成绩，四川法治水平明显提升，多项经验在全国推广。2018 年，党的十九届三中全会决定成立中央全面依法治国委员会，在司法部设立委员会办公室，并在委员会下设立法、执法、司法、守法普法四个协调小组，统筹推进全面依法治国各项工作。深入推进全面依法治国正式拉开帷幕。2018 年，四川根据中央统一部署，制定了四川机构改革方案，组建了省委全面依法治省委员会，由省委书记担任主任，省长和省委副书记担任副主任，下设立法、执法、司法、守法普法 4 个协调小组和办公室，各地对应设立了法治建设工作机构，在全国率先对省市县法治工作机构进行统一和规范。省委全面依法治省委员会坚定不移推进中央全面依法治国决策部署在四川落地落实，坚持把治蜀兴川各项事业全面纳入法治化轨道，纵深推进全面依法治省再上新台阶。

2018 年 11 月 15 日，中共四川省委全面依法治省委员会办公室和重新组建的四川省司法厅正式挂牌。

### （二）健全法治工作运行机制

2019年3月19日，省委全面依法治省委员会召开第一次会议，全面安排部署依法治省工作。随即印发委员会工作规则、协调小组工作规则、办公室细则，将省委党内法规制定工作规划和年度工作计划、省人大常委会立法规划和年度立法工作计划、省政府年度立法工作计划以及重大立法项目纳入委员会审议范围。出台委员会办公室工作细则、管理办法，建立省委依法治省办月例会、依法治省工作联络员等制度，健全信息收集报送制度，统筹协调聚合发力。推进依法治省优化协同高效运行，着力构建"1+4+N"一体化工作运行机制，初步形成上下贯通、左右联动、同频共振、协调配合的依法治省工作新格局。

### （三）健全法治工作推进机制

加强法治工作统筹，建立年度依法治省工作要点制度，实行"清单制+责任制"的任务管理模式；制定依法治省工作任务台账，将全面依法治省工作具体化项目化。加强法治工作考核评价督察，2015年出台《四川省依法治省评价标准（试行）》《四川省法治建设状况评估办法（试行）》；建立法治工作考核制度，将全面依法治省、法治政府建设分别纳入省委、省政府综合目标绩效考评，建立法治问题清单反馈、年度考核排序和考核结果通报、问责机制，完善第三方评估法治工作机制；健全法治督察制度，加强重点领域、重点环节法治督察。加强法治工作队伍建设，将市厅级以上干部法治工作培训纳入省委组织部培训计划，分类、分片区对全省法治建设工作人员进行培训；与中国人民大学、中国政法大学等高校共建全国领导干部法治教育合作基地，组建省委省政府法律顾问团、四川法治智库、立法专家库、法治研究团体等开展法治工作研究。2015 年起，连续五年与中国社会科学院合作编撰发布《四川法治蓝皮书》；举办“新时代治蜀兴川的法治保障”各类法治论坛，共谋法治四川建设；建立年度法治调研课题制度，与国内知名大学建立联合调研培训基地。

## 二、高站位谋划法治四川发展蓝图

### （一）全面规划依法治省宏伟蓝图

《四川省依法治省纲要》对全面依法治省作出总体安排，明确了依法治省的指导思想、基本原则、总体目标、实施进程及主要任务。2014 年，省委十届五次全会审议通过《中共四川省委关于贯彻落实党的十八届四中全会精神全面深入推进依法治省的决定》，既注重贯彻中央精神又突出四川特色，部署推进保证国家宪法法律有效实施的完备的法规规范体系、高效的法治实施体系、严密的法治监督体系、有力的法治保障体系建设，加快推进治理体系和治理能力现代化。2016 年，出台《四川省法治政府建设实施方案（2016—2020 年）》，绘制出四川法治政府建设的时间表和路线图，同年出台《四川省法治宣传教育第七个五年规划

（2016—2020年）》。2018年6月，省委十一届三次全会审议通过《中共四川省委关于深入学习贯彻习近平总书记对四川工作系列重要指示精神的决定》《中共四川省委关于全面推动高质量发展的决定》，提出构建“一干多支、五区协同”区域发展新格局和形成“四向拓展、全域开放”立体全面开放新态势。2019年3月，省委全面依法治省委员会召开第一次会议，作出“把治蜀兴川各项事业全面纳入法治化轨道，把四川法治建设提高到一个新水平”的决策部署。2019年，出台《四川省第十三届人大常委会立法规划》等。全面描绘了新时代法治四川建设蓝图，开启了法治四川建设新局面。

### （二）科学确立法治建设基本思路

2019年，形成“四个三”法治建设基本思路，着力构建全面依法治省大格局。一是聚焦改革、发展、民生“三大领域”，持续深化“放管服”改革，营造法治化营商环境，加强民生领域法治建设，服务全省高质量发展；二是创新民族地区依法常态化治理、普法与依法治理衔接联动、法治示范区创建“三个机制”，推进区域协调发展；三是推进一体化、规范化、公开化“三项建设”，做到法治四川、法治政府、法治社会同步规划、同步实施、一体建设，切实提升法治建设水平；四是加强重点领域法治建设，实施乡村法治振兴、法治营商环境提升、食品药品安全法治护航“三大行动”，促进全省经济社会持续健康发展。

### (三)精心谋划四川法治未来发展

对接中央法治中国建设规划和法治社会建设实施纲要编制情况,在全面总结四川法治实践经验的基础上,提早研究谋划法治四川建设规划和四川法治社会建设实施纲要,描绘高质量法治四川新蓝图。根据中央《中国共产党农村基层组织工作条例》《关于加强和改进乡村治理的指导意见》,研究制定《四川省乡村振兴法治工作规划(2020—2022年)》,为乡村振兴战略提供法治保障;研究制定四川省市县法治指数、法治督察工作实施办法,进一步完善法治评价标准和法治督察工作机制。启动研究制定四川省法治政府建设实施方案(2021—2025年),深化法治政府建设。

## 三、高质量推进地方科学立法

### (一)健全地方立法工作机制

“良法保障善治”。健全立法工作领导机制,构建党委领导、人大主导、政府依托、各方参与的立法工作新格局,出台《四川省第十三届人大常委会立法规划》,确定101件立法任务。健全依法立法工作机制,2016年出台《四川省人民代表大会及其常务委员会立法条例》。健全科学立法、民主立法工作机制,2014年出台《四川省地方立法咨询专家库管理办法》《四川省地方立法评估协作基地管理办法(草案)》,2017年全国人大常委会办公厅出台《关于争议较大的重要立法事项引入第三方评估的工作规范》,建立“一点一库一基地”基层立法联系点制度，健全法规立项可行性、成本效益分析专家评估咨询机制和立法各环节定量化考核指标；提升立法透明度、全民参与度，构建“立项、起草、论证、协调、审议相衔接”“党内法规制定、人大立法和行政立法相统一”的立法工作新机制，推动地方立法从粗放型向精细化升级。加强地方政府立法工作，2015年出台《四川省人民政府拟定地方性法规草案和制定规章程序规定》，建立政府立法征求意见机制和咨询论证机制。健全立法后评估机制，建立立法后评估指标体系，健全公众参与评估机制，强化评估结果运用，推进立法后评估的常态化、法治化建设。加强地方立法的监督和指导，健全地方立法合法性审查机制，确保国家法治的统一。

### （二）完善地方性法规和政府规章

围绕“一干多支、五区协同”“四向拓展、全域开放”、培育“5+1”现代产业体系，紧扣全面深化改革、乡村振兴、民生保障、营商环境“四大攻坚战”等重点领域推进创制性立法。2018年，审议通过《成都国家自主创新示范区条例》《四川省教育督导条例》等省地方性法规26件。2019年，计划审议省级地方性法规24件、市（州）地方性法规37件、民族区域自治地方单行条例6件；上半年审议通过《四川省地方金融监督管理条例》《中国（四川）自由贸易试验区条例》《四川省沱江流域水环境保护条例》《四川省预算审查监督条例》（全国预算审查监督领域第一部地方性法规）等13件省级地方性法规，向全国人大、国务院报备省本级及地方性法规27件，备案审查规范性文件246件，全面清理行政规范性文件。截至2019年9月，全省现行有效省级地方性法规215件，省级政府规章167件，涵盖政治、经济、社会、文化、科教、生态等各个领域，为治蜀兴川提供了强有力的法律支撑和制度保障。

## 四、高标准推进法治政府建设

### （一）健全科学民主依法的政府决策机制

2015年，出台《四川省重大行政决策程序规定》《四川省人民政府关于健全和完善政府法律顾问制度的意见》，2016年，出台《四川省社会稳定风险评估办法》《四川省社会稳定风险评估责任追究暂行办法》《四川省重大行政决策责任追究暂行办法》，建立行政决策前社会稳定风险评估、咨询专家、第三方评估机制，落实行政决策终身责任追究和责任倒查机制，保障政府决策的科学性、民主性、合法性。

### （二）深化“放管服”改革转变政府职能

2019年，印发《四川省深化“放管服”改革优化营商环境行动计划（2019—2020年）》，同时出台政务服务对标、提升营商环境法治化水平、减证便民、规范行政审批中介服务、“一网通办”五个专项行动方案，“证照分离”“多式联运一单制”“行政审批小时清单制”“企业出口退税服务前置”等改革成果在全国产生重要影响，全省营商环境市场化、法治化、国际化水平全面提升。优化政务服务，在全国率先建立省、市、县、乡镇、村五级政务服务体系和省、市、县三级公共资源交易服务体系，全面实行“33 证合一”；2018 年省级实施的行政权力事项 837 项实现“最多跑一次”，302 项达到“全程网办”要求。加强政务诚信建设，2019 年出台《四川省政务诚信评价工作实施方案》，探索制定公务员诚信评价指标体系。深化行政审批制度改革，推进“一枚印章”管审批，实现一般许可事项现场办结率达到 90% 以上，项目和投资审批时间压缩 50% 以上。2019 年出台《四川省减证便民专项行动方案》，开展证明事项告知承诺制试点，取消证明事项 28 项。

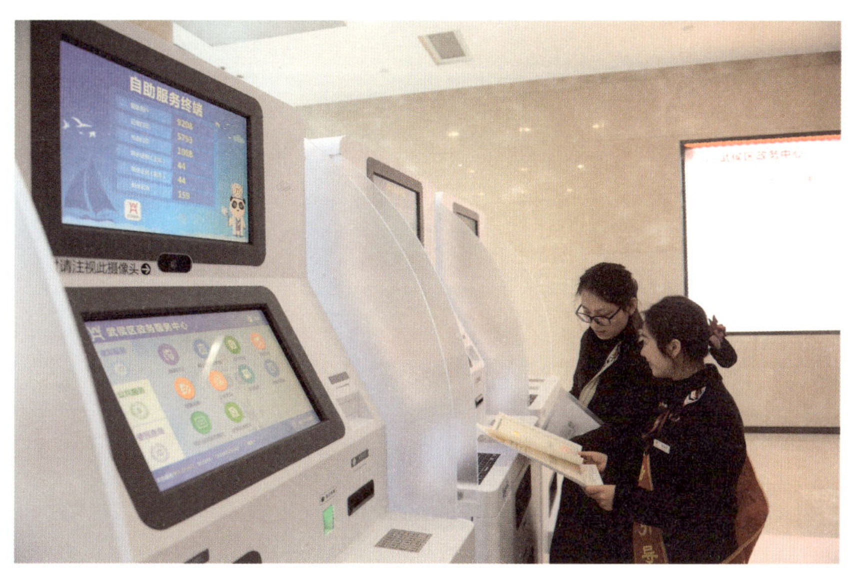


市民在成都市武侯区政务服务中心自助服务一体机上办理业务。

（三）持续强化严格规范公正文明执法

2019 年，四川省出台行政执法“三项制度”实施意见和《四川省行政执法标准化建设方案》，加强食品药品、安全生产、生态环境等重点领域执法，打造“教科书式执法”。全面推行“双随机一公开”，让行政执法行为在阳光下运行。推进重点领域综合行政执法改革，全省 2 个市(州)和 161 个县(市、区)设置综合行政执法局，实现“一支队伍管执法”，试点开展行政处罚“三张清单”和综合执法智慧服务平台建设，推进行政执法标准化、信息化建设。做好“两法”衔接，2018 年出台《关于加强行政执法与刑事司法衔接工作的决定》，形成执法司法合力。加强行政执法监督，建立政务公开监督评议制度，制定政府部门责任和问题清单，41 个省级部门近 5000 项责任清单向社会公布；建立行政复议机构与审判机关沟通联席机制，健全行政机关负责人依法出庭应诉、支持法院受理行政案件、尊重并执行法院生效判决制度，全省行政机关负责人出庭应诉提升到 68.6%。

### (四)积极开展法治政府示范创建

2019 年启动法治政府示范创建工作，选取 6 个市、区政府作为法治政府示范创建对象上报中央。加强法治督察，推动落实党政主要负责人及其他机关工作人员法治建设责任，2019 年开展营商环境法治专项督察。全面推进政务公开，2015 年出台《四川省人民政府关于深化政务公开工作的实施意见》，推进决策、执行、管理、服务、结果“五公开”，在全国率先实现省、市“三公”经费同步全面公开。在《中国政府透明度指数报告(2018)》中，四川在 31 个“省级政府”中位列第 5，成都市在 49 个“较大的市政府”中位列第 4，眉山市仁寿县在 100 个“县级政府”中位列第 23。

## 五、高质效推进公正司法

### (一)全面深化司法体制改革

创新完善员额退出和交流机制,2019年出台《四川省法官检察官遴选委员会章程》《四川省法官检察官遴选委员会会议规则》,建立"考试+审核"的员额法官检察官遴选机制,落实员额退出机制,截至2019年5月,有59名员额检察官和105名员额法官退出员额。完善新型司法监督管理机制,建立健全法官检察官惩戒机制。深化刑事诉讼制度改革,在全国率先开展刑事庭审实质化改革和刑事诉讼涉案财物管理处置试点工作,建成全国首家跨区域、跨部门涉案财物管理中心,首创委托第三方专业机构保管新模式;全面开展刑事案件辩护律师全覆盖试点。2018年,中基层法院以庭审实质化方式审结刑事案件5780件,当庭宣判案件占比75.8%;2019年上半年全省通知辩护案件数同比增长23.8%。在全国率先开展对监狱实行"派驻+巡回"检察试点工作,建立检察机关与监狱管理部门工作协调配合机制;率先开展罪犯离监探亲,是全国唯一连续13年常态化开展服刑人员离监探亲的省份。推进诉讼服务中心实质化运行,初步形成覆盖全省的诉讼服务体系,做实案件繁简分流。在全国率先提出并在全省全面推进党委主抓的"诉源治理"工作,2019年上半年全省法院新收案件增幅同比下降15.26%。加强智慧司法建设,在全国首创"和合智解"e调解平台,建立跨部门大数据智能辅助办案系统,初步建成智慧政法体系，司法办案质效大幅提升。

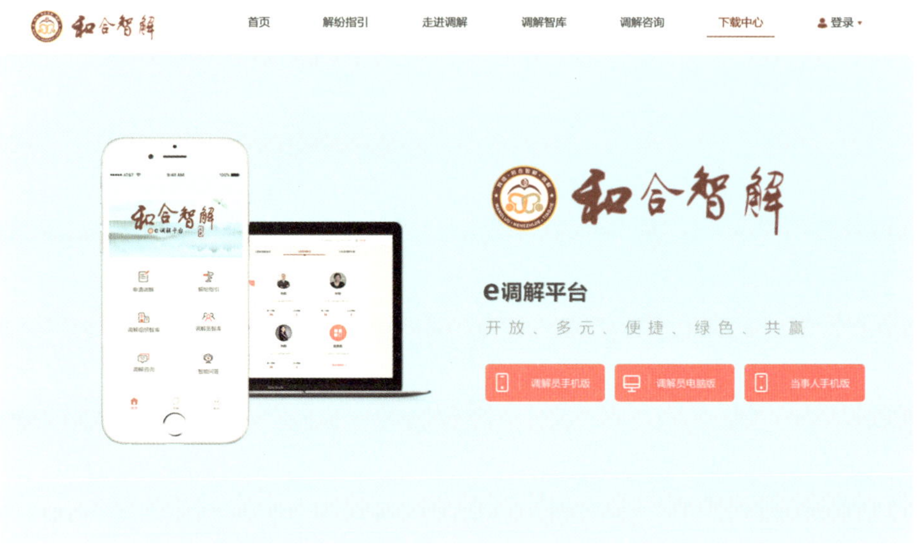


全国首创网络司法调解平台——“和合智解”e 调解平台。

### （二）深入破解执行难问题

在全国率先推进构建“党委领导、政府支持、政法协调、法院主办、部门配合、社会参与”的综合治理执行难工作大格局，完善行政执法、公安、检察、审判信息共享、案情通报、案件移送制度，有效形成决胜执行难的外部合力。在全国首创和推行“申请执行人权利清单”制度，提升申请执行人的执行积极性和执行监督作用，有效解决消极执行难题。建立全省财产网络执行查控机制，实现“点对点”网络执行查控，对被执行人财产“一网打尽”。建立失信被执行人联合惩戒曝光平台。强力推进网络拍卖、数据可视化等新手段的全面应用，创新推广“智慧执行 APP+综治网格员”协助执行的做法，将协助执行纳入基层网格化服务管理，实现网上和线下无缝对接，实现全省有可供执行财产案件法定期限内结案率达到96.75%。

## 六、高效能推进法治社会建设

### （一）创建大普法工作格局

深入实施四川省“七五”普法规划。2018年，中共中央办公厅、国务院办公厅出台《关于实行国家机关“谁执法谁普法”普法责任制的实施意见》，严格落实“谁执法谁普法”责任制。深入推进“法律七进”，建立“谁来进、进什么、怎么进”普法工作机制，实行普法清单式管理，形成普法“大合唱”。常态化开展“宪法藏区行”“律师公证法律服务团送法进寺庙”活动。注重“以案释法”，突出“互联网+普法”，构建“智慧普法”体系。深入开展“尊崇宪法、学习宪法、遵守宪法、维护宪法、运用宪法”主题活动，严格落实宪法宣誓制度。加强法治文化建设，凝聚法治建设力量，在全国率先开展“宪法法律进高校”活动，覆盖全省126所高校；全省中小学法治副校长（辅导员）配备率达100%，700余名法官、检察官担任法治副校长。落实法律顾问制度，全省县级以上机关单位基本实现全覆盖，村（社区）实现“一村一法律顾问”，配备法律顾问4.3万余人，企业聘用法律顾问2万余人，培养“法律明白人”48万余人。打造“法治四川”融媒体宣传平台，广播电视、平面媒体、新媒体平台常态开办法治专题栏目，创建“法治四川行”法治宣传平台。“七五”普法以来，全省累计开展各类集中法治宣传主题活动

4.5 万余场次，印发各类法治宣传资料 360 万余册（张）。

2018 年 12 月，四川“宪法宣传周”活动在成都举行。图为大学生在活动现场翻阅《绵竹年画释法》。

### （二）统筹推进多层次多领域依法治理

2018 年，出台《关于进一步加强和完善城乡社区治理的实施意见》。加强平安四川建设，深化网格化服务管理，构建县（市、区）、乡镇（街道）、村（社区）三级联动治理体系，实现四级综治中心互联互通，着力构建共建共治共享的现代基层社会治理体系。健全法治示范，创建全域覆盖、动态管理、检查评估长效机制，推动“一核多元、合作共治”相融合的基层社会共治体系，创新开展生态环境、对外开放、乡村振兴、社区治理、科技创新和知识产权保护 6 个领域法治示范区创建试点工作。在全国率先开展乡村振兴法治保障工作，形成“三书模式”、微治理模式等服务乡村振兴的法治工作经验。深入开展扫黑除恶专项斗争，围绕“深挖根治”目标，建立涉黑涉恶线索发现移交、监管漏洞通报整改等机制，实现打击与防范、治标与治本有机统一，建立律师辩护代理涉黑涉恶案件“五个机制”，实现政治效果、社会效果、法律效果三效合一。

### （三）坚持和发展新时代“枫桥经验”

常态化开展“大走访大排查大化解”、防范“民转刑”等活动，提升网格服务管理能力，着力构建调解、仲裁、行政复议、诉讼等衔接有序的矛盾纠纷多元化解体系，做到矛盾纠纷及安全稳定排查化解全覆盖。党的十八大以来，全省各类调解组织累计排查受理各类矛盾纠纷 442.7 万余件，调处成功 436.4 万余件，人民群众安全感和满意度达到 94%。全面推行网格化服务管理，大力推进“雪亮工程”和综治中心建设，网格化服务管理平台累计办理各类事项 4034.06 万余件，夯实了基层社会治理基础。坚持自治法治德治“三治”融合，制定实施村（居）规民约 52854 个。建成覆盖城乡的实体、网络、热线三位一体的公共法律服务体系，基本实现了老百姓遇事找法“抬头能见、举手能及、扫码能得”。加强涉外法律服务，主动融入“一带一路”建设，积极打造西部法律服务中心，研发法律服务共享平台“丝法通”APP，为企业“走出去”提供优质法律服务。开展法治扶贫，2016 年出台《关于进一步加强法治保障服务脱贫攻坚工作的意见》，构建“1+4+X”精准扶贫模式，形成法治服务精准扶贫的四川经验。建立法律服务结对帮扶机制，内地律师事务所结对帮扶34个民族地区区县开展公共法律服务工作，推进法律服务均衡发展。常态化开展农民工讨薪维权法律援助专项活动。2019年上半年，全省律师办案30万件、公证40万件、司法鉴定7万件、法律援助2.2万件。

## 七、高起点谋划治理现代化法治体系

党的十九届四中全会审议通过《中共中央关于坚持和完善中国特色社会主义制度、推进国家治理体系和治理能力现代化若干重大问题的决定》（以下简称《决定》），提出坚持党的领导、人民当家做主、依法治国有机统一，坚持和完善中国特色社会主义法治体系，提高党依法治国、依法执政能力。建设中国特色社会主义法治体系、建设社会主义

2019年10月28日至31日，中国共产党第十九届中央委员会第四次全体会议在北京召开，中共中央总书记习近平主持会议。会议审议通过了《中共中央关于坚持和完善中国特色社会主义制度 推进国家治理体系和治理能力现代化若干重大问题的决定》。

法治国家是坚持和发展中国特色社会主义的内在要求。必须坚定不移走中国特色社会主义法治道路，全面推进依法治国，坚持依法治国、依法执政、依法行政共同推进，坚持法治国家、法治政府、法治社会一体建设。《决定》具有开创性、里程碑意义，为治蜀兴川法治建设提供了根本遵循。

### （一）准确把握国家治理体系和治理能力现代化建设的总体目标

《决定》明确坚持和完善中国特色社会主义制度、推进国家治理体系和治理能力现代化的总体目标是，到我们党成立一百年时，在各方面制度更加成熟更加定型上取得明显成效；到 2035 年，各方面制度更加完善，基本实现国家治理体系和治理能力现代化；到新中国成立一百年时，全面实现国家治理体系和治理能力现代化，使中国特色社会主义制度更加巩固、优越性充分展现。国家治理体系和治理能力现代化的"三步走"战略，与我国全面建设社会主义现代化强国的"三步走"是一脉相承、融为一体、完全一致的。

### （二）充分认识法治在国家治理体系和治理能力现代化建设中的重要作用

法治是现代文明社会最科学的治理方式，是国家治理体系和治理能力现代化的标志。法治体系是国家治理体系的骨干工程。全面依法治国是我党治国理政的基本方式，是中国特色社会主义的本质要求和重要保障，在"四个全面"中具有基础性、保障性作用。法治在解放和增强社会活力、推动经济发展、促进社会公平正义、保障人民幸福安康，维护社会和谐稳定、确保党和国家长治久安等方面发挥了不可替代的重要作用，习近平总书记强调做好改革发展稳定各项工作离不开法治，改革开放越深入越要强调法治。我们要更好发挥法治固根本、稳预期、利长远的保障作用，统筹推进伟大斗争、伟大工程、伟大事业、伟大梦想，努力实现“两个一百年”奋斗目标和中华民族伟大复兴中国梦。

### （三）健全地方性法规和政府规章

习近平总书记指出国家治理体系是在党领导下管理国家的制度体系，包括经济、政治、文化、社会、生态文明和党的建设等各领域体制机制、法律法规安排，也就是一整套紧密相连、相互协调的国家制度。它是以法治为基础建立的规范体系。《决定》明确突出坚持和完善支撑中国特色社会主义制度的根本制度、基本制度、重要制度，着力固根基、扬优势、补短板、强弱项，构建系统完备、科学规范、运行有效的制度体系。“小智治事，中智治人，大智立法”，法律是治国理政最大最重要的规矩。推进国家治理体系和治理能力现代化，必须坚持依法治国，为党和国家事业发展提供根本性、全局性、长期性的制度保障。我们要进一步健全保证宪法法律全面贯彻实施的体制机制，加强《宪法》实施和监督；进一步健全和完善地方立法体制机制，不断提高地方立法质量和效率，完善地方性法规和政府规章，以良法保障善治；坚持依法治国和依规治党有机统一，推进党内法规制度建设，全面贯彻实施党内法规；进一步健全社会公平正义法治保障制度。

### （四）健全高效的法治实施体系

“世不患无法，而患无必行之法”，“天下之事，不难于立法，而难于法之必行”。《决定》明确坚持和完善共建共治共享的社会治理制度，保持社会稳定、维护国家安全。完善党委领导、政府负责、民主协商、社会协同、公众参与、法治保障、科技支撑的社会治理体系，建设人人有责、人人尽责、人人享有的社会治理共同体，确保人民安居乐业、社会安定有序，建设更高水平的平安中国。加强系统治理、依法治理、综合治理、源头治理，把我国制度优势更好转化为国家治理效能。构建职责明确、依法行政的政府治理体系，让政府更好承担起按照党和国家决策部署推动经济社会发展、管理社会事务、服务人民群众的重大职责。我们要加强法治实施能力建设，着力营造“自觉尊崇制度、严格执行制度、坚决维护制度”的浓厚氛围，着力构建以法律规范实施为核心，以党内法规实施、人民团体和社会组织规范实施、道德伦理规范实施以及乡规民约等社会生活规范实施构成的法治实施体系，进一步深化执法司法体制改革，推进严格执法公正司法，加强法治信息化建设，构建开放、动态、透明、便民的阳光法治实施机制。

### （五）健全严密的法治监督体系

《决定》明确加强对法律实施的监督。法治监督就是对法律实施进行的监督，法治监督确保行政权、监察权、审判权、检察权得到依法正确行使，保证人民群众的合法权益得到切实保障。我们要进一步健全宪法法律实施监督制度,依法规范权力、加强对权力运行的制约和监督,防止权力滥用;进一步完善政府内部层级监督和专门监督,建立常态化监督制度;进一步完善对执法司法活动的监督,确保人民群众在每一个案件中都感受到公平正义。加强党内监督、人大监督、民主监督、行政监督、司法监督、审计监督、社会监督、舆论监督制度建设,努力形成科学有效的权力运行制约和监督体系。

### (六)健全有力的法治保障体系

"徒善不足以为政,徒法不能以自行"。法治保障体系既是法治体系的重要组成部分,又是支撑法治大厦的地基。《决定》明确坚持和完善党的领导制度体系,提高党科学执政、民主执政、依法执政水平。我们要把党的领导贯彻到依法治国全过程各方面,进一步优化法治机构效能,完善地方法规规章,形成完备的制度体系,加强法治工作队伍建设,创新人才培养机制,创新法治文化活动,繁荣法治文化。《决定》明确要完善正确处理新形势下人民内部矛盾有效机制,完善社会治安防控体系,健全公共安全体制机制,构建基层社会治理新格局,完善国家安全体系。我们要充分认识到推进国家治理体系和治理能力现代化的重心和难点均在基层,进一步加强基层社会治理现代化的体制机制与组织架构建设,加强基层治理法治保障,创新基层社会治理的矛盾纠纷化解机制、法治工作机制,推进数字法治建设,切实提高基层社会治理的法治化水平,努力构建办事依法、遇事找法、解决问题用法、化解矛盾靠法的良好法治环境。

源头活水，方能成就大河奔流。新时代属于每一个人，每一个人都是新时代的见证者、开创者、建设者。在新征程上，我们将共同建设脚下的“法治基石”和头顶的“道德星空”，用实干谱写出法治中国壮丽蓝图的四川篇章。

# 四川七十年法治大事记

## 1949 年

10 月 13 日　中共中央成立西南局,任命邓小平为中共中央西南局第一书记,对四川、云南、贵州、西康和重庆四省一市的政治、经济、军事、文化等实行全面领导。

12 月 2 日　中央人民政府责令组建西南军政委员会及其内部机构,行使地方政权机关的职能。

## 1950 年

1 月 23 日—29 日　重庆市第一届各界人民代表会议召开。这是中华人民共和国成立后西南地区的首次各界人民代表会议。会议产生重庆市第一届协商委员会,陈锡联任主席。

2 月 15 日　西南军区全面开展剿匪斗争。至年底,全川匪患基本消灭。

2 月 24 日　中央人民政府政务院发布《关于严禁鸦片烟毒的通令》,西南军政委员会赓即发布《关于禁绝烟毒的实施办法》《西南区禁绝鸦片烟毒治罪暂行条例》,禁毒斗争在全川迅速展开。至当年底,流毒川康百余年的烟毒公害基本禁绝。

4月19日　成都市军管会公安处在成都市两个区开始进行户口登记试点。

7月27日　西南军政委员会司法部在重庆建立，管辖云南省、贵州省、西康省（于1955年10月1日并入四川省）和川东、川南、川西、川北四个行政公署以及重庆市的司法行政机关。

9月1日　川西、川南、川北、川东、重庆郊区和西康省的汉族地区同时开展清匪、反霸、减租、退押四大运动。

11月17日—24日　西康省第一届各界人民代表会议选举产生了西康省藏族自治区人民政府。

12月　四川根据各地不同的特点全部建立起基层党政组织，旧有保甲制度被彻底废除。

## 1951年

1月　土地改革运动在四川各地全面开展。至1952年5月，四川全境除少数民族地区外，基本完成了土改这一历史任务。

1951年底，川东、川西、川南、川北四个人民行政公署和西康省所辖的部分县、市，以及重庆市的部分区、县建立起了人民调解委员会。

## 1952年

8月7日　中央人民政府委员会第十七次会议决定撤销川东、川南、川西、川北人民行政公署，建立四川省人民政府。

9月1日　四川省人民政府在成都正式成立，李井泉任人民政府主席。

10月—11月　四川省政法委员会、省公安厅、省人民法院、省人民检察署等部门先后组建成立，标志着四川省的司法改革基本结束。

## 1953年

4月　成立以省政府副主席阎红彦为主任的四川省选举委员会，组织首次基层普选工作。

## 1954年

3月31日　四川省第一次基层人民代表选举工作全部结束。

6月5日　成立宪法草案讨论委员会，组织机关干部、学校教师和民主党派成员对《中华人民共和国宪法（草案）》进行讨论。

8月1日—8日　四川省第一届人民代表大会第一次会议在成都举行。会议选出朱德、张澜、吴玉章等87人为四川省出席第一届全国人民代表大会代表。

9月20日　新中国第一部《宪法》颁布后，四川省各级人民政府在全省组织了宣传活动；结合基层选举，还组织了对《全国人民代表大会及地方各级人民代表大会选举法》的宣传。

10月　按照《宪法》规定，四川省人民法院和四川省人民检察署分别改称四川省高级人民法院、四川省人民检察院,不属于政府序列。

## 1955 年

1 月 20 日—23 日　中国人民政治协商会议四川省第一届委员会第一次会议召开。会议选举产生了中国人民政治协商会议四川省委员会,李井泉当选为省政协主席。

5 月　四川省司法厅正式成立。

7 月 12 日　四川省委批准公安厅《关于 1955 年下半年农村镇压反革命斗争计划》的报告,对落后村的各类反革命分子和破坏分子进行了打击。

## 1956 年

1 月　中共中央批复四川省委《关于凉山地区实行民主改革有关问题的请示报告》,就凉山地区民主改革中的关键问题作出了明确指示。

5 月　四川省第六次司法工作会议召开,明确形势与政策关系,纠正错误倾向,划清历史罪恶与现行破坏、反革命破坏与群众落后言行的界限,把法律斗争的锋芒指向现行破坏的反革命分子。此次会议对保卫和促进四川的社会主义建设起了重要作用。

1956 年底,四川全省有 91 个县(市、区)建立了法律顾问处,除少数民族地区外,全部中级法院所在县(市)都建立了法律顾问处。

## 1959 年

8月—9月　根据中央意见,四川省司法厅和各地司法局(科)相继撤销,所管工作移交人民法院。

## 1972 年

9月15日　四川省高级人民法院恢复办公,随后各级地方法院也相继恢复办公。

9月15日　四川省公安局恢复成立。

## 1977 年

3月5日　四川省公安局在全省范围内开始了全面整顿社会治安的统一行动,逮捕了一批打砸抢严重罪行的刑事犯罪分子。

## 1978 年

6月　四川省委决定重建四川省人民检察院。而后,全省各地检察机关开始恢复重建。

## 1979 年

2月　重庆市中级人民法院在全国率先成立经济审判庭,专门审理各类经济案件,成为中国经济司法的开路先锋。

4月15日　凉山彝族自治州司法机关宣布宽大释放1961年前参加武装叛乱的服刑在押罪犯109人,对刑满就业仍继续戴反革命叛乱分子、奴隶主分子“帽子”监督改造的90人一律摘掉“帽子”。至此,凉山彝族地区参与叛乱的人员全部得到宽大处理。

12月15日　经中央批准,恢复成立四川省人民政府。1980年,四川省各市(州)、县(市、区)恢复成立人民政府;各地区恢复成立行政公署。

12月20日—25日　四川省第五届人民代表大会第二次会议选举产生了以鲁大东为省长的四川省人民政府,四川省革命委员会工作宣告结束。

12月25日　四川省人民代表大会常务委员会(以下简称四川省人大常委会)正式设立。

## 1980年

1月1日　四川省各级人民法院开始实施《刑法》和《刑事诉讼法》,四川省的刑事检察和审判进入法制化的新阶段。

4月　广义县向阳乡人民公社管理委员会的牌子被摘下,正式换上了“向阳乡人民政府”的牌子,推开农村改革之窗。

5月1日　四川省公安局更名为四川省公安厅四川省司法厅恢复重建。

8月3日　四川省人大常委会审议通过《四川省县、社两级人民代表大会选举实施细则》,这是四川省首部地方立法。

10月10日　成都市在全省率先重建公证处。

## 1981 年

11 月 24 日—29 日　四川省第一次人民调解工作会议在成都召开。

1981 年起,四川省相继在大、中、小学和其他各类学校开设法制课程,对学生进行法制宣传教育。

## 1982 年

3 月 6 日—20 日　四川省高级人民法院依法对原省革委副主任刘结挺、张西挺进行公开审判。

10 月　四川省第一次律师工作经验交流会在成都召开。

11 月　四川省省级机关机构改革开始,党政机关工作部门减少三分之一左右。

12 月 4 日　《中华人民共和国宪法》颁布,四川省人大常委会作出《关于开展学习宪法、宣传宪法活动的决议》,在全省展开了大规模宪法宣传活动。

## 1983 年

2 月 8 日　重庆被中央确定为全国第一个城市综合改革试点城市。

4 月　四川省第六届人民代表大会第一次会议作出《关于在全省范围内深入开展学习宣传贯彻宪法活动的决定》。

7月4日　中国人民武装警察部队四川省总队在成都成立。

7月15日　南充地区法律顾问处为南充市新建公社养鸡专业户担当常年法律顾问，成为全国最早开展为个体户、专业户提供法律服务的单位之一。

8月15日　四川省委决定按照“从重从快，一网打尽”方针，开展严厉打击刑事犯罪斗争。

8月16日　四川省监狱和劳改、劳教工作从公安机关整建制划归司法行政机关管理。

10月21日—25日　四川省法学会在成都正式成立。

11月21日—25日　四川省第一次律师代表大会在成都召开，成立了四川省律师协会，并通过《四川省律师协会章程》。

## 1984年

4月16日　在四川省“两劳”单位犯人、劳教人员中首次开展的选举工作结束。

5月1日　四川省法院系统法官在审判活动中开始统一穿着制服，标志着法院队伍朝着正规化、专业化、职业化迈进。

7月31日　四川省人民政府发出《关于设置镇建制的试行意见》，决定改革集镇管理体制，实行“乡镇（或区、乡、镇）合并，撤乡（或区）建镇，以镇管村”的体制。

10月1日　《四川法制报》开始试刊，1985年1月1日正式创刊。

## 1985 年

2 月 12 日　“一五”普法正式启动。

5 月 2 日　四川省人民政府发布《关于保护城乡个体工商业户合法权益的布告》，宣布城乡个体工商业户的合法财产和收入受国家法律保护。

9 月　四川省人民政府下发《关于实行居民身份证制度的通知》。1985 年，四川省专利管理局受理“铸造用天然隐晶石墨砂”的四川省第一件专利纠纷案件。

## 1986 年

1 月　《四川法制报》、四川电视台、四川人民广播电台联合举办全省法律知识竞赛，144.2 万人参赛。这是四川省首次公开举办大规模法律知识竞赛活动。

5 月 8 日　四川省人大常委会通过《四川省义务教育实施条例》，为推动四川地方教育发展奠定法治基础。

5 月　国务院批准自贡市为全国首批机构改革试点城市之一，为全国机构改革探路。

7 月 12 日　四川省人大常委会批准《阿坝藏族自治州自治条例》《甘孜藏族自治州自治条例》，这是四川省历史上首次民族地方立法。

## 1987 年

5 月 19 日　四川省地方行政机关国家公务员年度工作考核试点在内江市结束,这是中国首次将选任制公务员和委任制公务员结合在一起进行分类考核。

6 月　四川省高级人民法院将信访申诉庭更名为告诉申诉审判庭,成为全国最早组建审判监督机构并实行审监分开的高级人民法院,此经验经最高人民法院向全国推广。

7 月 2 日　四川省人大常委会批准《四川省人口与计划生育条例》,成为全国最早把“一个家庭一般只生一个小孩”政策上升为地方性法规的省市之一。

9 月 26 日　四川省消费者协会成立。

11 月　国务院批准四川省恢复建立监察厅。

## 1988 年

4 月 19 日　四川省公证处成立。

6 月　四川省高级人民法院总结全省法院系统落实刑事审判政策工作,宣告历时十年的落实政策、复查纠正历史冤假错案工作基本结束。

7 月 1 日　广汉县撤县建市,成为四川省综合体制改革第一个试点县(市)和全国 14 个农村改革试验区之一。

8 月　四川省第一个流动人民法庭在阿坝藏族羌族自治州红原县人民法院成立。

12 月 4 日　四川省委决定组建四川省法制建设领导

小组,同时撤销原省法制宣传教育领导小组及其办公室。

## 1989 年

7月23日　四川省在都江堰市召开全省依法治县试点工作会。

8月21日　四川省人民政府批准实施《四川省区乡(镇)法律服务所暂行规定》。

## 1990 年

4月1日　《四川省〈中华人民共和国渔业法〉实施办法》开始施行,四川省成为长江流域率先采取禁渔措施的省份。

7月26日　四川省人民检察院反贪污贿赂工作局成立。

## 1991 年

5月28日　四川省人大常委会审议通过《四川省文化市场管理暂行条例》,这是全国第一部有关文化市场管理的地方性法规。

9月27日　成都市“110”报警电话服务系统正式开通。

## 1992 年

7月9日　四川省高级人民法院经济纠纷调解中心成

立,这是全国第一家省级人民法院经济纠纷调解中心。

11月3日　重庆市中级人民法院依法宣告国营重庆针织总厂即日起破产,该案成为中国大型国营企业破产第一案。

12月28日　四川省首批首次授予人民警察警衔仪式在成都市锦城艺术宫举行,为四川省公安厅和成都市、重庆市公安局人民警察授衔。

## 1993年

4月21日　四川省未成年人保护委员会在成都市成立。

1993年　乐山市公证处在全省第一个由国办改成事业单位,受到司法部首肯,在全国宣传推广。

## 1994年

1月26日　四川省高级人民法院对蒲江县私营企业主刘本元诉蒲江县乡镇企业局侵犯财产权、经营自主权案作出二审判决,刘本元胜诉。这是四川省首例行政机关侵犯私营企业财产权案。

10月22日　四川省人民政府颁布《四川省行政执法规定》,全面规范行政机关依法行政工作。

## 1995年

6月18日　西南五省十一城市司法行政联席会议在

成都召开。

6月20日　四川省委组织部批复同意建立中共四川省监狱管理局党组,同时组建成立四川省劳动教养工作管理局。

7月13日　四川省人民政府颁布《四川省企业国有资产有偿转让管理暂行办法》,这是全国第一个由省级政府颁布的关于国有资产有偿转让的地方性行政规章。

## 1996年

5月31日　全国第一个省级法律援助机构——四川省法律援助中心在成都市成立。

8月8日　四川省启动地级以上城市“110”报警台服务建设工程。

10月　四川省人民政府成立“四川省人民政府外商投诉中心”和“四川省人民政府台商投诉中心”。

## 1997年

1月1日　四川省公安机关收容审查所全部撤销。

2月24日　成都市举行公务员考试,公开招考公务员。这是四川省首次组织的公务员招录考试,是干部人事制度改革的重大进步。

2月27日　四川省委作出《关于依法治省的决定》。

2月28日　四川律师董绪公成为“国字第一号”法律援助案件的办案律师,为一名因工地火灾烧伤的农民工蔡不伦讨要医疗费和赔偿金，成为全国第一例国家法律援助案例。

4月17日　四川省第八届人民代表大会第五次会议通过了《关于依法治省的决议》。

6月9日　四川省委、省人民政府印发《四川省国民经济跨世纪发展战略》。

## 1998年

2月18日　四川省委办公厅、省人民政府办公厅印发《关于在全省农村开展“村务公开、民主管理”工作的通知》，将村务公开和农村财务管理、村委会建设作为民主决策、民主管理、民主监督的手段。

2月19日　成都市中级人民法院在西部地区率先成立知识产权审判庭。

6月2日　四川省高级人民法院赔偿委员会审结首例国家赔偿案件，决定由绵阳市中级人民法院赔偿申请人何正兴被无罪羁押1758天的赔偿金4.48万元。

7月15日　四川省开始推行政府采购制度，省级机关首次招标采购的185套财务微机正式开标。

8月6日　四川省高级人民法院知识产权审判庭成立。

## 1999年

1月27日　四川省首部“148”法律服务专线开通新闻

发布会在威远县举行。

1月29日　四川省人大常委会审议通过《四川省天然林保护条例》,这是全国第一部关于天然林保护的地方法规,对维护长江流域生态平衡、保护森林资源、改善生态环境具有重要意义。

## 2000年

1月8日　成都市破获首起冰毒案件,共收缴冰毒6.6公斤。

4月8日　根据中共中央、国务院批复《四川省政府机构改革方案》,四川省委、省人民政府印发《关于印发〈四川省政府机构改革方案〉和〈关于实施四川省政府机构改革方案有关问题的意见〉的通知》,实行政府机构改革,建立办事高效、运转协调、行为规范的行政管理体系,建立与社会主义市场经济体制相适应的地方行政管理体制。

7月14日　四川省高级人民法院和司法厅在成都市组织召开刑事法律援助工作联席会议。

11月23日　四川省高级人民法院、省检察院、公安厅和司法厅联合举办的首次执法理论研讨会召开。

## 2001年

9月10日　四川省召开深化行政审批制度改革和建立省政府政务服务中心动员大会,要求推进依法行政、简化审批程序、提高办事效率、改善投资环境、促进四川经济跨越发展。

10月9日　四川省政府政务服务中心挂牌办公，这是全国首家省级政务服务中心。

10月18日　四川省人大常委会召开《四川省世界遗产保护条例（草案）》立法听证会，这是四川地方立法史上的首次听证会。

## 2002年

2月4日　四川省建设监察总队在成都成立，这是全国首家承担城市规划、建设和管理的行政执法队伍。

3月　四川首部《司法鉴定人名册》印发全省各级法院、检察院和公安部门等办案机关，以供诉讼和仲裁活动中选用司法鉴定机构，该举措属全国首例。

7月15日　全国司法厅（局）长座谈会在成都市召开。

11月5日　四川省与联合国儿童基金会合作建立的“四川省被拐妇女儿童中转、康复中心”正式成立并投入使用。

## 2003年

6月12日　四川省首家公职律师事务所——宜宾市公职律师事务所成立。

7月24日　四川省人民代表大会审议通过《四川省地方志工作条例》，这是中国第一部规范地方志工作的地方性法规。

## 2004年

2月10日　成都市委、市人民政府印发《关于统筹城乡经济社会发展推进城乡一体化的意见》，提出实现城乡同发展、共繁荣。

9月　四川省司法鉴定协会成立。四川省司法鉴定的行政管理、行业管理、质量管理“三结合”管理模式改革走在了全国前列。

12月21日　具有法律效力的《四川省行政区划图》面世。

12月22日　四川省30个司法所被纳入国家中西部地区基层司法所建设中央预算内投资计划，这是国家对司法所建设的首次投资。

## 2005年

3月27日　现代农业司法鉴定中心在成都市成立，这是西部首个农业司法鉴定机构。

4月　四川全省21个市、州总工会互签农民工联动维权协议。10月，四川省率先与上海、江苏、广东、福建签订工会联动维护农民工权益协议，开创了省际工会联动维护农民工权益机制先河。

5月24日　四川省人大常委会首次启动“新的地方性法规草案必要性和可行性单项表决”，对《四川省〈中华人民共和国道路交通安全法〉实施办法（草案）》的必要性和可行性进行表决，这是地方立法中的开创性举措。

6月　四川省委、省人民政府出台《关于推进城乡社会救助体系建设的意见》，全面推动社会救助体系在城乡落实。

2005年　四川省18个市(州)、104个县(市、区)成立政务(行政)服务中心，基本形成省、市、县三级政务服务网络。

## 2006年

3月14日　成都市农村土地承包流转服务中心挂牌成立。这是四川首家市级农村土地承包流转服务中心，标志着成都市农村土地流转由个人行为向政府指导转变。

9月1日　《四川省政务公开规定》开始施行，政务公开工作开始向规范化发展。

## 2007年

1月3日　四川省完成21个市(州)、246个城市和3472个农村建制乡镇集中式饮用水源保护区的依法划定工作，成为全国第一个全面完成城乡集中式饮用水源保护区划定的省份。

1月28日　四川省司法厅、省总工会、省律师协会、省法律援助中心和省农民工法律援助工作站在成都四川大凡律师事务所举行清欠农民工工资发放仪式。

7月2日　成都市在全国率先推行以并联审批为核心

的行政审批制度改革，变“一站式”服务为“一窗式”服务，最多可为申请人节省47天时间。

7月8日　四川省首家农村资金互助社——广元市苍溪县益民农村资金互助社挂牌营业，成为全国最先开展该领域改革试点的省份。

10月29日　四川省人民调解工作会议召开，确定建立人民调解、行政调解、司法调解的相互衔接机制，形成人民法院、公安机关、司法行政机关等多部门联动的“大调解”工作格局。

## 2008年

4月1日　眉山市公共资源交易中心挂牌运行，成为四川省首家公共资源交易中心。至2012年12月，四川省、市、县三级公共资源交易平台基本建成。

4月28日　四川省委、省人民政府发布《关于加强机关行政效能建设的决定》，要求提高机关行政效率和质量，建设人民满意机关。

5月12日　“5·12”特大地震当天，四川监狱系统组织8万余名服刑人员安全避险。随后开展的“千里大转移”行动，历时10天10夜，辗转23个市县，累计1.3万余公里，紧急转移处于震中阿坝监狱的服刑人员1900余名，创造了零脱逃零事故的救灾奇迹，被纳入哈佛大学世界巨灾应对经典案例，被中央政法委作为全国政法干警核心价值观教育读本重要内容。

6月9日　国务院公布《汶川地震灾后恢复重建条例》,这是中国首个专门针对一个地方地震灾后恢复重建的条例,被中央政法委作为全国政法干警核心价值观教育重要内容。

7月15日　成都市高新区人民法院、武侯区人民法院成为西部首批具有知识产权纠纷管辖权的基层法院。

9月10日　广安市成立人民调解委员会联合会,并形成了市、县、乡、村、组五级矛盾纠纷化解网络体系,成为全国首创的人民调解"广安模式"。

9月11日　《四川省汶川地震灾区生态环境恢复重建规划》出台。

10月13日　全国首个农村产权交易所——成都农村产权交易所在成都高新区挂牌。

10月31日　四川、重庆、贵州等12省(区、市)专利行政执法部门共同签署《西部12省市专利行政执法协作协议》,强化专利侵权行为处理。

12月24日　成都市武侯区成立行政审批局,这是全国第一家专门成立的行政审批机构。

## 2009年

8月3日　四川省司法厅成功举办川滇黔渝陕甘青藏八省(市、区)边界人民调解联调会议。

9月14日　四川省面向全国统筹公开选拔县级领导干部,成为全国率先实行公选领导干部的省份之一,实施统筹公选更为全国首创。

2009年　四川省在全国率先构建了“大调解”工作体系。

## 2010年

1月24日　巴中市巴州区白庙乡通过网络和张榜形式公开政府财务运作详细情况，被网友称为“政府全裸第一例”。

6月12日　广汉市雒城镇金领社区居民代表现场海选出社区监督委员会，这是四川省海选产生的首个社区监督委员会。

10月12日　四川省人民政府发布《四川省社会稳定风险评估暂行办法》，这是全国首个风险评估省级政府规章。

12月29日　四川省开通首个省级政府政务信息公开微博平台——“天府微博聚焦四川”，打造了对外开放交流的全新窗口。

## 2011年

3月7日　成都市获国内首个全国版权示范城市授牌，成都版权投诉中心、成都版权纠纷调解中心同时揭牌，成为全国首个集交易、投诉、调节于一体的版权公共服务大平台。

7月29日　四川省人大常委会审议通过《四川省城乡

环境综合治理条例》，这是全国首部把市容市貌和环境卫生规划空间拓展至乡村的省级地方性法规。

8 月 5 日　四川省人民政府印发《汶川地震灾区发展振兴规划（2011—2015）》，对全省 39 个极重灾和重灾县（市、区）实现经济社会全面发展振兴作出规划。

9 月 27 日　成都市农村产权仲裁院成立，这是全国首个农村产权仲裁院。

12 月　四川省政务服务中心被批准为全国首家国家级政务服务业标准化试点单位。

## 2012 年

1 月 15 日　《四川省市县政府依法行政评估指标》获首届“中国法治政府奖”。

3 月 19 日　四川省人民政府官方网站发布 2011 年省级财政拨款安排“三公”经费情况；53 个省级政府部门晒出“三公”账本。随后，21 个市（州）也公布了“三公”经费情况。四川省成为全国公开力度最大、范围涵盖最广、解释最详细的省份之一。

4 月 19 日　四川省高级人民法院推出《关于知识产权案件专家证人出庭作证的规定（试行）》，在全国率先统一知识产权案件专家证人出庭作证模式。

5 月 24 日　成都市获批成为首批国家知识产权示范城市。至 2017 年底，四川省共培育十个国家知识产权试点示范城市，居全国第五、中西部第一。

2012年底，四川省在全国率先形成“纵向到底、横向到边、覆盖全省”的五级政务服务体系。

## 2013年

5月31日　四川省公安厅出台《关于服务新型城镇化建设改进户政管理工作的实施意见》，全面启动新一轮户籍制度改革。

6月1日　《四川省政务服务条例》正式实施。这是全国第一部就政务服务工作规范化、制度化运行的地方创制性法规，填补了四川乃至全国政务服务法治建设的空白。

12月25日　四川省委印发《四川省依法治省纲要》，明确了依法治省的指导思想、原则目标、行动进程和主要任务，提出“治蜀兴川重在厉行法治”。《纲要》的颁布为法治四川建设提供了坚实的制度保障。

2013年　原劳教所全部调整为强制隔离戒毒所。

## 2014年

1月1日　四川省同步开通运行行政权力依法规范公开运行平台和监督平台，省、市、县三级互联互通的行政权力依法规范公开运行平台建设工作在全国处于领先地位。

1月　省政府服务中心通过政务服务标准化国家级试点验收，成为全国第一个开展政务服务标准化国家级试点并通过验收的省级政务服务中心。1月9日　四川省委在成都召开四川省推进依法治省工作电视电话会。

1 月 13 日　四川省委办公厅、省人民政府办公厅印发《关于成立四川省依法治省领导小组的通知》，正式成立省依法治省领导小组。

2 月 9 日—10 日　中共四川省委十届四次全体会议召开，会议强调法治是治国理政的基本方式，治蜀兴川重在厉行法治，要坚持用法治思维和法治方式狠抓改革、推动发展、化解矛盾、维护稳定。

2 月 28 日　四川省委、省人民政府印发《四川省人民政府职能转变和机构改革方案》《关于组织实施〈四川省人民政府职能转变和机构改革方案〉有关问题的意见》。同日，四川省召开全省政府职能转变和机构改革电视电话会议。

3 月 5 日　四川省群团组织社会服务中心在成都市青羊区成立。这是全国首个由省级群团组织联合成立的社会服务中心。

7 月 4 日　四川省人民政府首批法律顾问团在成都成立。至 9 月 1 日，全省 21 个市（州）人民政府全部建立了法律顾问制度。

7 月 30 日　四川省委办公厅和省人民政府办公厅印发《关于全面深化改革加强基层群众自治和创新社区治理的通知》，对完善以村（居）民会议和村（居）民代表会议为基础的村（居）民自治制度做了要求，实现村（居）民自治制度的具体化、体系化。

8月18日　四川省依法治省领导小组办公室、省法制办联合下发《关于开展依法行政示范创建活动的通知》，对依法行政示范创建活动作了规范性安排。

9月29日　四川省委办公厅印发《四川省依法治省指标体系（试行）》，这种以指标形式整体推进依法治省工作的做法属国内首创。

10月10日　作为全国首个可微信预约申请法律援助的政务类微信公众号，"四川司法"官方微信正式上线，群众通过微信即可实现在线申请法律援助。

11月20日　中共四川省委十届五次全体会议审议通过了《中共四川省委关于贯彻落实党的十八届四中全会精神全面深入推进依法治省的决定》。

11月22日　四川省人民政府印发《四川省进一步推进户籍制度改革实施方案》，在全国率先全面放开户籍限制，全面推动流动人口居住证制度，鼓励人口转移到大中小城市。

## 2015年

1月4日　四川省颁发首张"三证合一"执照。25日，"三证合一、一照一码"登记制度在四川全面实施。

2月25日　四川省人民政府制定《四川省灰霾污染防治办法》。

2月　成都市中级人民法院在全国率先探索刑事庭审实质化，积极促进以审判为中心的诉讼制度改革。

3 月 18 日 《四川法治蓝皮书·四川依法治省年度报告(2015)》在北京发布。这是中国社会科学院法学研究所与四川省依法治省领导小组办公室联合推出的中国首部区域法治蓝皮书。此后,每年发布。

4 月 1 日 四川省人大常委会审议通过《四川省农村扶贫开发条例》,并于 6 月 1 日正式施行。这是党的十八大以后首批贯彻中央“精准扶贫、精准脱贫”战略思想的扶贫开发地方性法规。

7 月 17 日 《四川省依法治省评价标准(试行)》和《四川省法治建设状况评估办法(试行)》颁布实施。至此,四川省依法治省宏观架构体系全面形成。

## 2016 年

1 月 25 日 四川省人大常委会审议通过《四川省人民代表大会及其常务委员会立法条例》,完善了四川地方立法体制,进一步推进了科学立法和民主立法。

1 月 29 日 新当选的四川省人大常委会副主任、秘书长、委员和省长、副省长,走上宣誓台,向宪法宣誓。这是四川省人民代表大会首次举行宪法宣誓仪式。

2 月 1 日 四川省人民政府批准成都市武侯区、新津县、绵阳市、江油市为全省首批相对集中行政许可权试点单位,试点经验在全省、全国复制推广。

4 月 29 日 四川省法官检察官遴选委员会在成都市成立,将统一对全省法官检察官遴选进行专业把关,增强法官检察官选任工作的科学性、专业性。

5月11日　《四川省“法律七进”工作示范标准（试行）》发布，正式启动了全省范围内的“法律七进”示范点创建工作。

7月15日　四川首批921名员额制法官检察官经省法官检察官遴选委员会审核确认，标志四川省司法人员分类管理改革踏出了成功的第一步。

7月21日　四川省人民政府办公厅印发《四川省政府债务预算管理暂行办法》《四川省政府债务风险评估和预警暂行办法》《四川省政府债务风险应急处置预案》《四川省政府债务风险化解规划》，标志着四川省初步建立“1+N”政府债务管理制度体系。

7月23日　四川省人大常委会审议通过《四川省大中型水利水电工程移民工作条例》，填补了四川省水利水电移民工作地方立法空白，是全国首部移民工作程序法。

9月23日　四川省委常委会议审议通过《四川省法治政府建设实施方案》。

9月　成都市涉案财物管理中心建成投用。全国首创委托第三方专业机构保管涉案财物的开放共治新模式。

10月8日　四川省21个市（州）全部获得并开始行使地方立法权。

11月1日　中国社科院国家法治指数研究中心和中国社科院法学研究所法治指数创新工程项目组正式发布中

国首个《政府采购透明度评估报告(2016)》,四川省级政府采购透明度评分位列全国第一。

## 2017 年

5 月 18 日　四川省眉山市公安局在公安厅经侦总队组织指挥下,成功破获“12・18”特大跨国网络传销案,捣毁了涉及全国 31 个省、市、自治区、港澳台地区及 8 个境外国家,涉案金额 5.2 亿元的特大网络传销组织。

6 月 28 日　“四川司法行政公共法律服务平台”正式上线运行,10 月 1 日更名为“12348 四川法网”。

9 月 4 日　四川省人民政府印发《四川省加快推进“互联网+政务服务”工作方案》,提出用 2 到 3 年时间,构建覆盖全省、整体联动、部门协同、省级统筹、一网办理的“互联网+政务服务”体系。

9 月 6 日　四川省人民政府办公厅印发《四川省开展基层政务公开标准化规范化试点工作实施方案》。

9 月 22 日　四川省人民政府公布《四川省推进“多证合一”改革工作实施方案》。

10 月　成都市中级人民法院知识产权类型化案件快审机制被国务院办公厅作为全国首批推广的 13 条全面创新改革试验经验之一。

12 月 29 日　四川省监狱博物馆正式开馆,这是四川省政法系统首家博物馆,也是四川省级部门首家博物馆。

## 2018 年

1 月 11 日　四川省质量技术监督局正式发布《监狱管理规范》四川省地方标准。这是全国范围内首次将监狱执法管理主要工作一次性整体纳入地方标准。

2 月 7 日　四川省扫黑除恶专项斗争电视电话会议在成都召开。会议贯彻落实中央和四川省委决策部署，在巩固扩大前期战果的基础上，对四川省开展扫黑除恶专项斗争作出再部署。

2 月 11 日　习近平总书记来川视察，明确提出推动治蜀兴川再上新台阶的总体要求和着力抓好党的十九大精神贯彻落实、着力推动经济高质量发展、着力实施乡村振兴战略、着力保障和改善民生、着力加强党的政治建设“五个着力”的重点任务，为做好新形势下四川工作提供了根本遵循和行动指南。

6 月 7 日　由四川省司法厅、省戒毒管理局、民盟四川省委经济委员会联合建设的“爱之家”禁毒防艾法律服务站揭牌暨禁毒宣传月启动仪式在布拖县举行。

6 月 20 日　四川省委、省人民政府在西昌市召开省综合帮扶凉山州打赢脱贫攻坚战动员大会，全省政法系统选派的 417 名优秀干部在会后参加省“一县一队”综合帮扶队，前往凉山地区开展工作。

7 月 19 日　成都市检察机关向全社会发布《服务保障大熊猫国家公园建设“崇州宣言”》，成立“成都市人民检察院驻大熊猫国家公园成都片区检察工作站”和全国首家“大熊猫保护生态检察官团队”。

9月13日　四川省法律顾问聘任仪式在成都市举行，聘任30人为省委、省政府法律顾问。

9月14日　首次全国司法所工作会议在成都市召开，向全国推广了基层司法所规范化建设的“四川经验”。

9月27日　四川省禁毒委员会在成都市召开全省禁毒人民战争动员部署会。

10月15日　四川省检察机关对监狱全面实行巡回检察试点工作部署在成都召开。在前期试点的基础上，四川省检察院决定从2018年10月至2019年5月，在全省有监狱的市州检察院全面实行巡回检察试点。

10月26日—31日　人民日报社、新华社等20多家媒体齐聚四川，聚焦“枫桥经验”四川实践。

10月30日　成都市金牛区人民检察院对一起盗窃案提起公诉。这起不到10分钟即审结的案件，是《刑事诉讼法》修改后四川省首例认罪认罚从宽速裁程序案件。

11月2日　四川省机构改革动员部署大会在成都市召开，全省机构改革全面启动实施。

11月15日　中共四川省委全面依法治省委员会办公室和重新组建的四川省司法厅正式挂牌。

11月16日　全国唯一的“12348”藏汉双语法网上线试运行。

12月28日　四川省委编制委员会召开第13次全体会

议，审议通过省纪委监委机关等 28 个省直部门“三定”规定，标志着最新一轮省直部门机构改革基本到位。

## 2019 年

1 月 19 日　四川省第十三届人民代表大会第二次会议闭幕，新当选的四川省第十三届人民代表大会常务委员会主任彭清华现场进行了宪法宣誓。

3 月 19 日　四川省委全面依法治省委员会第一次会议召开，强调要统筹推进全面依法治省各项工作，把治蜀兴川各项事业全面纳入法治化轨道。

4 月 3 日　四川省委全面依法治省委员会办公室、省委宣传部、教育厅、司法厅在四川师范大学成龙校区举行全国首次“宪法法律进高校”启动仪式暨首场宣讲。

4 月 8 日—11 日　中共中央政治局常委、全国人大常委会委员长栗战书率领全国人大常委会执法检查组在四川检查水污染防治法实施情况。

5 月 28 日　2019 年度青年普法志愿者法治文化基层行暨西部首届法治文化周活动在成都市正式启动。

6 月 21 日　全省深化“放管服”改革优化营商环境现场会在成都召开，推动实施《四川省深化“放管服”改革优化营商环境行动计划（2019—2020 年）》。

6 月 21 日　内江“6·2”特大荐股电信网络诈骗案专案集中收网，184 名犯罪嫌疑人被押送到内江。

7 月 19 日　政法领域全面深化改革推进会在成都市

召开。中共中央政治局委员、中央政法委书记郭声琨出席会议并讲话。

7月20日　全国法院贯彻落实政法领域全面深化改革推进会精神专题会议在四川省成都市召开,最高人民法院党组书记、院长周强出席会议并讲话。

7月20日　大检察官研讨班在成都市开班,最高人民检察院党组书记、检察长张军出席会议并讲话。

7月20日　全国司法厅(局)长座谈会在成都市召开。

7月21日　全国监狱工作会议在成都市召开。

7月26日　四川省深化机构改革总结会议在成都市召开,会议强调,要巩固扩大机构改革成果,纵深推进全面深化改革,不断提升四川治理体系和治理能力现代化水平。

8月8日　第十八届世界警察和消防员运动会在成都市开幕。这是该赛事首次在亚洲城市举办,是成都市有史以来规模最大、国际化水平最高、单次入境外宾人数最多的综合性体育赛事。

9月18日　四川省人民调解协会第一次委员代表大会在成都召开,这标志着四川省人民调解协会正式揭牌成立。

10月22日　第十四届泛珠三角合作与发展法治论坛暨第六届“治蜀兴川”法治论坛在四川省广安市举行。

10月31日　四川省调解工作会议在成都市召开,安排部署新时代四川调解工作。

# 四川法治典型案例

## [依法执政]

### “一把手”离任先过生态关

——绵阳市三台县实施主要领导离任生态环境审计力促生态文明建设

2014年,绵阳市委、市政府在三台县率先开展党政主要负责人离任生态环境审计评估试点工作,决定对离任县委书记谢晓东、离任县长赵飚任职期间生态环境进行审计评估。

三台县委、县政府针对离任领导生态环境审计评估反馈出来的问题,以接受中央电视台、《四川日报》专题采访为契机,学习宣传贯彻《环境保护法》,增强各级领导干部生态环境保护法治观念,提高生态环境保护在年度综合目标考核中的权重,赋予环保部门在招商引资“一票否决”权力。强化部分较大乡场镇生活饮用水及污水集中处理设施建设,全面启动全县13条小流域及流域面积在100平方公里以下的38条小溪河水环境整治,对生态文明保护作出突出贡献的人员予以提拔重用,全县上下形成重视生态文明建设的共识,有力地推动全县生态文明建设。

绵阳市将环境治理纳入依法执政范畴，作为评价党政主要负责人业绩的一项重要指标，鲜明用人导向，把生态环境建设上升到党政主要工作的高度。同时，以规范性文件形式明确了对党政主要负责人离任生态环境进行审计的评估内容和实施标准，规范性、操作性较强，对落实党政负责人履行生态环境主体责任有着重要意义。

［依法执政］

## 公务员如何学法用法？档案都有翔实记录

### ——德阳在全省率先推行公务员法治档案

2014 年 11 月 10 日，《德阳市公务员法治档案实施办法（试行）》（德委办〔2014〕67 号）印发实施。经过一年时间的试行，德阳的法治档案已覆盖了德阳全市 6 县（市、区），经开区及市本级 88 个部门，对全市 17020 名公务员建立了法治档案，成功对 907 名市管干部及 2810 名县管干部进行了考核评价。2015 年，德阳还对被审计监督、行政监督撤销的行为载入公务员法治档案。

《德阳市公务员法治档案实施办法（试行）》是根据《四川省依法治省纲要》制定，是对公务员学法、用法、守法和违法情况的翔实记录，通过年度法治考核，进一步提高公务员运用法治思维和法治方式深化改革、化解矛盾、推动发展、维护稳定的能力，激励和约束公务员依法履职、依法办事。该办法已列入省、市法治改革方案，在全省乃至全国尚属首次。

［依法执政］

## 畅通村民自治“最后一公里”

——罗江区在全国率先推行村民议事代表会议制度

罗江区作为全国第二批农村改革试验区之一，以建设“中国幸福家园”为目标，在全国率先推行村民议事代表会议制度，坚持把党的领导、村民自治和群众参与有机统一起来，探索出了一条民主自治、村民自主的基层依法治理新路径。一是规范村民议事代表推选工作，选举组建村级“民主议事决策委员会”和组织“民主议事决策协调工作小组”；二是充分发挥村党支部在民主议事中的“三个作用”，即事前组织者、事中监督者、事后指导者作用，确保党的各项方针政策在基层宣传和落实不走样；三是坚持以公开透明为核心，定点定时对议事会议决定的内容予以公示。

此项制度厘清了村党支部、议事会、村委会三者之间的关系，进一步形成分工明确、互为补充、相互监督“三位一体”的新型村级治理框架，有效解决了过去村“两委”权责不清的问题，构建了基层民主政治的长效运转机制，促进了农村基层民主政治、党风廉政建设和基层依法治理，形成了“党委政府放心、干部省心、群众舒心”的农村社会治理新局面。相关做法被写进新修订的《村民委员会组织法》,入选 2015 年 10 月中央改革办首次推出的全国 30 个重点改革案例。

罗江区在全国率先推行村民议事代表会议制度,是基层组织“一核三治”的有益探索,为推进农村现代化治理提供了经验。

[科学立法]

## 全国第一部政务服务条例

为促进政务服务的制度化、规范化,提高行政效能,推进法治政府、廉洁政府、服务政府建设,根据《行政许可法》及有关法律法规规定,2013 年 4 月 2 日四川省第十二届人民代表大会常务委员会第二次会议审议通过《四川省政务服务条例》,2013 年 6 月 1 日起施行。

《四川省政务服务条例》从深入贯彻党的十八大精神,进一步转变政府职能,优化政务服务环境,促进政务服务制度化、规范化出发,以促进政府进一步转变职能,强化社会服务,提高办事效率,由重管理向管理和服务并重的方式转变为目的,总结了全省开展政务服务工作的成功经验和政务服务中心建设成果,对政务服务建设、运行和监督等方面作出了具体规定。

《四川省政务服务条例》是全国第一部就政务服务工作规范化、制度化运行的地方创制性立法,填补了四川省乃至全国政务服务法制建设的空白，为转变政府职能，促进政务服务制度化、规范化，推进法治政府、服务型政府建设提供了法治保障。

［**科学立法**］

## “史上最严”《成都市非机动车管理条例》

成都市为解决电动自行车大幅攀升带来的交通管理问题，加强道路交通安全，成都市人大常委会将修订《成都市非机动车管理条例》纳入2014年立法计划。经过调研、起草、立法听证、社会风险评估、论证、审议等多个环节，该条例经2014年6月26日市第十六届人大常委会第九次会议第二次全体会议审议通过，经四川省第十二届人大常委会第十二次会议第二次全体会议批准通过，于2015年1月1日起正式实施。

该条例修订过程践行了科学立法理念，彰显了民主立法的价值。在议案环节，16位市人大代表贴近群众需求，代表广大市民的意愿，针对电动自行车发展过快、超标和交通安全问题，提出非机动车管理条例修订案；在立项环节，市人大常委会深入基层，了解社情民意，客观分析电动自行车管理现状，做实做细调研，坚持问题导向，最终使该立法案顺利立项；在听证环节，广收民情，广纳民意，广积民心，开门立法，倾听不同声音，梳理不同建议，确立适度规范电动自行车管理的原则，既发挥经济和环保长处，又要管控通行安全;在稳定风险评估环节,关心市民切身利益,立足低收入家庭出行方便,充分发挥专家、学者的智囊作用,确立了完善制度设计、化解风险的路径;在论证审议环节,立足本市面向全国,学习其他省市的经验,借鉴其他城市电动自行车管理的制度安排,引进行之有效的管控措施,精心制度设计,突出实效。

该条例切实解决了非机动车管理突出问题,得到市民和社会各界的好评。

[**科学立法**]

## 全国第一部贯穿精准扶贫精准脱贫理念的地方性立法

为从法律层面对全省扶贫开发工作予以规范和固化,四川省在2012年启动立法工作,经2015年4月1日省第十二届人大常委会第十五次会议审议通过《四川省农村扶贫开发条例》,自2015年6月1日起施行。

该条例遵循了"实事求是、因地制宜、分类指导、精准扶贫"的原则,对基础扶贫、产业扶贫、新村扶贫、能力扶贫、生态扶贫等五大扶贫工程和干部驻村帮扶、易地扶贫搬迁、贫困地区教育、"10·17"全国扶贫日活动开展等内容进行明确和细化,明确财政投入长效增长机制,建立农村扶贫开发工作考核、财政专项扶贫资金绩效评价和扶贫资金使用情况监察、审计等制度,构建了政府主导、社会参与、市场运作和群众自力更生相结合的大扶贫工作格局。

该条例贯彻了国家扶贫开发战略，符合《中国农村扶贫开发纲要》精神，突出了四川特点，是四川省在构建“大扶贫”战略格局背景下颁布的第一部地方法规，填补了四川扶贫开发地方立法的空白，是四川实施精准扶贫、构建大扶贫格局的大背景下颁布的第一部地方法规，是扶贫开发工作的一项重大制度创新，具有里程碑意义，标志着四川扶贫开发工作驶入规范化、制度化、法治化轨道，为解决扶贫开发工作中遇到的新情况、新问题，提供了坚实的法治保障。

［**依法行政**］

## 政府信息公开“全裸”第一例

四川巴中市白庙乡政府公示出 2010 年 1 月公务开支明细表，详细记录每分钱公务花费，连“花 1.5 元购买信纸”，招待上级官员烟酒都悉数公布。每一笔开支的时间、事由、金额，及经办人、证明人、审批人、安排人全部公布。被网友称为“政府全裸第一例”。在乡政府网站上，不仅公布财政预算收支和政府机关开支，还包括了乡党委书记、乡长等所有公务员的工资单。

2010 年 1 月 24 日，白庙乡召开了一次民主议事会，会上来自全乡社会各阶层的 72 位代表，热议了乡政府 2010 年财政预算。此后，乡政府便通过网络和张榜等形式公开政府的财务运作详细情况。

政府信息公开有利于保障公民知情权、提高政府工作透明度，社会关注度高，自庙乡的做法为推进政府信息公开提供了有益经验。

［依法行政］

## 内江市市中区试点农村土地承包经营权退出“三换”模式

自获批承担土地承包经营权退出试验任务以来，针对丘陵地区农村人多地少、地块分散、劳动力外出、耕地撂荒、农民增收乏力等问题，四川省内江市市中区坚守“公有性质不能变、农民利益不受损、土地性质不改变”三条底线，坚持“农民自愿、风险可控、权益保障、土地利用、封闭运行”五项原则，制定《农村土地承包经营权退出补偿周转基金管理办法》《土地承包经营权退出换保障试点工作实施方案》等一系列规范性文件，探索形成土地承包经营权退出“换现金、换股份、换保障”的“三换”模式。

内江市市中区土地“三换”改革模式，入选2016年“全国十大改革案例”。探索了土地退出不同路径，创新了土地补偿方式，不仅为解决进城农民“双占”问题积累了经验，也在提高土地利用效率和增加农民收入方面产生了明显成效，实现了农村土地资源有效利用，促进了集体经济发展壮大和农民持续增收，为农村土地适度规模经营找到了一条新路，为破解农村土地撂荒、农业转型困难、户籍城镇化滞后等问题提供了路径参考和经验借鉴。

［依法执政］

## 成都市锦江区“仅跑一次”改革推动政府职能转变

2017 年 6 月 13 日，全国深化“放管服”改革电视电话会议提出了推进“简政放权、放管结合、优化服务”的新要求。成都市锦江区认真贯彻落实全国和全省深化“放管服”改革电视电话会议精神进行了最新部署，以“仅跑一次”办理事项为抓手，积极推进“五为”重点工作。通过对企业和群众到政府办事的事项进行统一梳理，于 2017 年 7 月 10 日和 8 月 10 日通过锦江公众信息网先后两批公布了《“仅跑一次”事项清单》，这也是四川首张“仅跑一次”事项清单，涉及卫计局、市场和质量监管局、文体广新局、残联、地税局等 30 个审批服务部门，涵盖商事服务、投资建设、税费缴纳等多个领域，共 587 个事项，占全区企业和群众到政府办事事项的 87.7%。其中，公共服务事项 117 项，占全区公共服务事项的 99.2%；行政权力事项 470 个，占全区行政权力事项的 85.3%，实现了企业和群众到政府部门办事“仅跑一次是常态，跑一次以上是例外”的目标。这在国内绝无仅有，改出了为民服务的“加速度”。

在“仅跑一次”改革中，锦江区紧扣党的十九大报告所提出的“以人民为中心”的发展思想，以“审批更简、监管更强、服务更优”为目标，加快政府职能转变，让百姓办事少跑路、少操心，让政府多跑腿、多服务，从而提升行政和服务效率，营造了更加宽松便捷的营商环境，助推了四川经济高质量发展，打通为民服务“最后一公里”，让老百姓有更多获得感，为四川“放管服”改革进行了一次有益探索。

［公正司法］

## 毁林判种树七旬翁“绿色救赎”

泸州市古蔺县石宝镇芦荫村村民黎伯伦，2002 年 4 月 6 日在自家责任田里除杂草时，点火燃烧，恰遇大风，火苗吹入田边树林，引发森林火灾，烧毁集体所有的森林 457.7 亩，其中成材林木 29070 株、幼树 778 株，直接经济损失 41.06 万元。在黎伯伦被以失火罪提起公诉的同时，古蔺县人民检察院提起刑事附带民事诉讼，请求法院判令其补种被毁的树木，恢复原状。法院审理判处黎伯伦有期徒刑一年，缓刑二年，判令黎伯伦自 2002 年 10 月至 2007 年 8 月补种被毁的林地 457.7 亩，林木 29848 株。判决生效后，古蔺县检察院派员会同有关部门到案发地监督黎伯伦履行种树义务。黎伯伦通过自己亲自栽种和出资雇请亲朋好友帮助栽种树木，在一年时间内完成补种林木。

该案经《检察日报》、《法制日报》、四川电视台、中央电视台等各新闻媒体刊播后，在司法理论界和实务界引起强烈反响。认为泸州市检察机关“与众不同”提起刑事附带民事诉讼,是对法律精神深刻理解基础上所做的一次有益尝试,是对司法机关职能的复位,在创新司法手段上具有里程碑意义。

［公正司法］

## 中国酒驾入刑第一案:孙伟铭醉驾案

2008年12月14日中午,四川省成都某技术公司员工孙伟铭搭载其父母去成都市东郊为亲属祝寿,并大量饮酒后,驾车与一同向行驶的比亚迪轿车发生追尾。孙伟铭在驾车逃离过程中,又先后撞向对面正常行驶的4辆轿车,共造成4人死亡、1人重伤及公私财产损失5万余元的严重结果。案发后,孙伟铭被赶至现场的公安人员挡获。四川省高级人民法院二审以“以危险方法危害公共安全罪”判处孙伟铭无期徒刑,剥夺政治权利终身。

该案还在二审期间时,公安部就从8月15日开始,在全国范围内开展了为期2个月的严厉整治“酒后驾驶行为”专项行动。2011年5月1日,我国正式施行的《刑法修正案(八)》,也将醉驾认定为危险驾驶罪入刑。该案的审理和宣判已成为我国法治进程中的一个重大法治事件,对推动我国法治进步,完善立法,惩治恶疾,促使全社会自觉遵守公序良俗等起到重要作用,具有重大意义。

［公正司法］

## 李洪清、陆成凤申请行政诉讼司法救助案

2010年，李洪清、陆成凤在承包地内采收黄豆时，受到国家二级保护动物黑熊突然袭击致残。当地林业部门承担了大部分医疗费用，但仍有部分医疗费用未能解决。后二人请求“判令四川省人民政府在有关野生保护动物人身伤害补偿办法尚未出台的情况下为其尽快解决续医和生活的现实困难问题”为由，以省政府为被告提起行政诉讼。但因诉讼请求较为概括、抽象、不具体，法院依法未支持二人诉讼请求。2010年5月3日，二人向省高级人民法院申请国家司法救助金10万元。期间，经鉴定机构鉴定，两人后期医疗费用共计8万~11万元。汉源县唐家镇楠木村村民委员会出具了有关李洪清和陆成凤因被黑熊严重抓伤致残、家庭十分困难的证明书。2018年，省高级人民法院经审查认为，二申请人确属生活极度困难，根据相关规定，应予一次性给与司法救助，遂依法决定：给予李洪清国家司法救助金5万元，给予陆成凤司法救助金5万元。

本案系人民法院在审理行政诉讼案件过程中决定予以救助的典型案例。四川省高级人民法院在决定救助的同时，坚持能动司法，先后向四川省人民政府、四川省汉源县人民政府发出司法建议书，建议省政府尽快制定《四川省陆生野生动物危害补偿办法》，建议县政府依法及时处理案涉补偿问题。两份司法建议书均得到及时反馈，汉源县

政府积极落实后续补偿事宜，四川省政府起草的《四川省陆生野生动物危害补偿办法》已完成公开征求意见的立法步骤。法院办案过程中，以一案推全面，推进了社会治理格局创新，实现了法律效果和社会效果的有机统一。

［**公正司法**］

## 四川省首例行政公益诉讼

——通江县人民检察院因至诚镇政府不履行垃圾整治法定职责提起行政公益诉讼案

通江县至诚镇政府自2012年以来将未分类的乡镇生活垃圾运输至通江县一公路旁倾倒，对附近村民生产生活造成影响。经测量，垃圾堆表面积超1545平方米。通江县检察院发出检察建议书，督促至诚镇政府对该处垃圾倾倒点进行整治。后至诚镇政府回复称已重新选址倾倒垃圾。通江县检察院后续调查发现，至诚镇政府对垃圾进行了整治但仍未达到相关规范处置标准，遂向法院提起行政公益诉讼。通江县法院经审理认为，至诚镇政府应当对其行政区域内的环境质量负责，采取相应措施规范辖区内垃圾清运工作。遂依法判决：确认至诚镇政府直接将未经处置的乡镇生活垃圾倾倒在公路旁的行为违法；责令至诚镇政府履行相应的行政管理职责，在本判决生效之日起3个月内，按照相关规范和标准对倾倒公路旁的垃圾进行处置,对污染破坏的生态环境进行治理和修复。

本案系四川省内首例行政公益诉讼。该案针对四川乡镇比较普遍面临的问题,判决乡镇政府履行法定职责,有利于促进四川省内乡镇政府履行法定职责,妥善处理乡镇垃圾堆放的问题。本案以乡镇政府未履行环境行政管理责任为由提起行政公益诉讼,立足解决行政争议,符合行政诉讼法规定。将该案定位为行政公益诉讼,有利于促进环境行政管理机关切实履行职责,提升依法行政水平。

[公正司法]

## 四川省首例认罪认罚从宽速裁程序案件

2018 年 8 月 9 日 16 时许,被告人刘某在成都市金牛区沙湾东一路一餐馆内,趁被害人睡觉之际,将被害人放在身旁椅子上的一部价值人民币 2239 元的华为手机盗走。针对这起刘某盗窃案,金牛区检察院按照修改后的《刑事诉讼法》规定,由值班律师提供法律帮助适用认罪认罚从宽制度,并向金牛区法院建议适用速裁程序审理。2018 年 10 月 30 日,成都市金牛区法院审理查明,被告人刘某在有期徒刑刑罚执行完毕后五年内,再犯应当判处有期徒刑以上刑罚之罪,是累犯,应当从重处罚。而刘某归案后,如实供述自己的罪行,依法可从轻处罚。同时,刘某自愿认罪认罚,依照《刑事诉讼法》规定,可以从宽处罚,当庭宣判,刘某犯盗窃罪,判处有期徒刑 7 个月,并处罚金 2000 元。

该案是《刑事诉讼法》修改后,四川省首例认罪认罚从宽速裁程序案件。与修改前依据《刑事诉讼法》办理的案件相比,该案在办理过程中有多处改变:未聘请辩护人的犯罪嫌疑人在审查起诉阶段获得了值班律师提供的法律帮助,获得了专业的法律意见;在犯罪嫌疑人、被告人认罪认罚的基础上,从宽处罚得到了《刑事诉讼法》明文确定;犯罪嫌疑人获得了确定的量刑建议,金牛区检察院对刘某盗窃案提出判处有期徒刑 7 个月并处罚金 2000 元的精准量刑建议;审查起诉期限缩短,减少了犯罪嫌疑人待审期限;审理期限缩短,检察院向法院建议适用速裁程序,适用速裁程序的案件不受送达期限的限制,可以立案当天送达被告人并安排开庭;庭审程序简化,刘某盗窃案的审理,未进行法庭调查、法庭辩论,对提高庭审效率有明显实效。

## [法律援助]

## “国字第一号”法律援助案

1997 年 1 月 1 日,四川万县(今重庆万州)20 岁的普通农民工蔡不伦打工的北京航空材料研究院职工住宅楼建筑工地上发生火灾,一只装有醇酸稀料的桶遇火,发生爆炸燃烧,一旁的蔡不伦被烧成重伤陷入昏迷。用工单位将他送到医院,留下 5000 元钱后,便撒手不管。在北京举目无亲的蔡不伦在北京医治 7 天后,无钱继续治疗,只好选择提前出院。1 月 8 日，重伤尚未脱离危险的他被担架抬着上了北京至武汉的 37 次特快列车。这趟列车的乘务员张丽在巡查时发现了奄奄一息、神志不清的蔡不伦，迅速报告给列车长夏秋英。1 月 9 日上午 11 时，车一到武昌，武汉铁路中心医院派出医务人员和救护车通过武昌火车站开通的绿色通道，迅速将蔡不伦接回救治。

此后全国几十家新闻媒体纷纷报道了蔡不伦事件，引起了社会各界的广泛关注。董绪公看到蔡不伦事件的报道后，毅然决定为蔡不伦申请法律援助，伸张正义。

董绪公来到蔡不伦的老家，取得蔡不伦父母授权律师进行法律援助的委托书。1997 年 2 月 24 日，四川省法律援助中心正式签发对蔡不伦进行法律援助通知书。董绪公立即赴京向司法部法律援助中心递交蔡不伦的申请书。同月 28 日，司法部法律援助中心决定将成立以来的首例法律援助任务指派给董绪公。时任国家法律援助中心副主任宫晓冰手书了第一号国家法律援助通知书，蔡不伦也成为接受国家法律援助第一人。取得法律援助通知书这一“尚方宝剑”之后，董绪公立刻开始了取证行动。

此后，董绪公三次去北京、河北，四次到四川、重庆等地调查取证。经过多次面对面协商，用工单位最终同意全额支付蔡不伦在务工期间被火烧伤后的医疗费、住院生活补助费、住院补助等。至此，中国第一桩法律援助案成功告结。董绪公凭着律师特有的职业敏感，把自己、把四川写进了中国法律援助史。

［法律宣传］

## 藏区法治宣讲变身“脱口秀”

### ——甘孜州创新群众法治宣传模式

2014年以来，为适应新形势对群众宣讲工作的新要求，甘孜州创新群众宣讲方式，将群众宣讲作为甘孜州法治宣传教育的破题之点，组建州委群众宣讲团到各县乡镇开展“州委群众宣讲团和谐乡村行”宣讲活动，以“脱口秀”方式向偏远农牧区群众集中宣讲，深受广大农牧民群众的欢迎和好评。

以讲明理：把法律法规、藏族谚语、佛教教义融入宣讲内容之中，把宣传依法治理、社会主义核心价值体系和弘扬藏族传统优良品德相结合，在故事的讲述中，在对不良现象的分析中，不露痕迹地传递了爱国、守法、感恩、团结的理念，倡导文明礼仪，倡导遵守法纪，倡导和谐进步，春风化雨，润物无声。

以讲启智：用群众听得懂的语言讲政策、讲法律、讲发展，倡导农牧民群众关注子女教育、关注邻里团结、关注文明素养、关注增收致富，传达了“国富民安、民富国强”的理念，鼓励农牧民群众在大好形势和大好政策的指引下主动思谋、勤劳致富。

以讲动情：以普通群众的身份，以真诚、关切的语态分析问题、阐释现象，言语间充满了对群众的深深感情，不高高在上、不冷漠麻木、不呆板生硬，牢牢把握群众的心理状态，注重情感沟通。宣讲过程中，农牧民群众时而点头示意，时而交口称赞。

以讲带训：每一场宣讲，所在县乡两级宣讲人员、县级机关双语干部、各乡镇党委书记、乡镇长观摩聆听，学习群众宣讲员的宣讲方法和宣讲语言，培训其群众工作技巧，解决目前干部职工在群众工作中不会说群众的话，不会做群众工作的问题。

群众宣讲"脱口秀"是普法宣传形式的创新，改变了过去摆摆展台、发发传单的方式，运用根植于藏区特色文化，以评书式、快板式朗朗上口的语言表达形式，在轻松幽默、诙谐风趣间，传播民族文化精髓、公民基本礼仪道德、普及法律法规知识、培养法治理念与情操，突破了藏区法治宣传教育瓶颈，对全省乃至全国都具有示范引领作用。

［**依法治理**］

## 社区有了"法律服务之家"

——成都市青羊区西御河街道打造市民学法用法服务基地

青羊区以群众对法律的需求为导向，把开展"法律七进”活动与法律服务、基层治理、法治文化建设相结合，切实“党委点餐+部门操刀”“政府配餐+群众点菜”“法律拼盘+精细加工”“市场购买+自我服务”“体验参与+法治文化”等“五个结合”，面向基层、面向群众推出便民利民举措，打造了西御河市民学法用法服务基地，创建了“522111”法律服务模式，即“五室两站两平台一堂一院一园”。其中“五室”——国浩法律咨询工作室、刘琪调解工作室、张谦心晴工作室、法治图书室、法治教育电教室；“两站”——法律援助及公证工作站（点）、社区戒毒（康复）工作站；“两平台”——24小时法律服务时时通免费平台、法律志愿者服务平台；“一堂”——法治大讲堂（“新起点”社区矫正教育学校）；“一院”——法治影院；“一园”——青少年学法用法园地（群众法治文艺园地），为市民提供“一站式”的法律服务。

基地着眼于为群众服务的功能，将普法工作紧贴民生，向法治惠民服务转变，针对社区不同群众群体的特点与需求，开展各类主题活动，着力于主动性、参与性、互动性和体验性，推动形成了社会组织介入、群众参与的联动机制，有效整合了社会资源、激发了社会组织参与社区法律服务的主动性，搭建起了居民自治、自理、自助平台，实现了司法行政职能下沉到社区，为市民提供“一站式”的法律服务，满足了市民法律需求，被老百姓亲切地称之为“法律服务之家”。

[依法治理]

# “小网格”大治理

## ——“1314”社会治理体系助推法治成华建设

成都市成华区以贯彻落实《四川省依法治省纲要》为重大契机，坚持把法治作为成华经济社会发展的基本方式，把社区网格作为依法治区的前沿阵地，坚持以法治为引领推动社会治理创新，让“法治化”成为成华区最为显著、最为核心的竞争优势，构建起以社区网格化服务管理为核心的“1314”社会治理体系。即“1”是明确了一个目标：坚持党委领导、政府负责、社会协同、公众参与、制度保障，坚持法治成华、法治政府、法治社会一体建设，加快打造“治理体系和治理能力现代化的先进城区”。“3”即三大改革：实施区域化“大党建”改革，打造“法治成华”建设的战斗堡垒。实施行政管理“大部门”改革，优化“法治政府”建设的组织构架。实施财政体制“大民生”改革，夯实“法治社会”建设的群众基础。第二个“1”即着力打造“入格、定格、升格”与“网格问需、集成分解、零距离服务”的社区网格化服务管理体系。“4”是推进多元化、立体化、人本化、长效化治理，提升区域治理体系和治理能力现代化水平。

经过探索实践，成华区构建的“1314”社会治理体系在深化法治建设工作中充分发挥了“导流槽”和“分拣器”功能，实现了“群众工作渠道拓展、治安防控立体构建、矛盾纠纷及时调解、民生诉求有效解决、群体事件动态调处”，提升了群众满意度、社会和谐度、社区安全度、区域美誉度“四度”。

［依法治理］

## 自治改造彰民意　依法拆迁解难题

——曹家巷改造项目充分运用法律手段解决“第一拆”

成都市金牛区在“北改”重点项目中探索了全国首例“自治改造”与“房屋征收”无缝对接，创新采取棚户区“自治改造”模式，由群众自发成立了“自治改造委员会”并成功地与曹家巷片区3364户居民中的3360户签约实现“自治改造”，同时在多次协调无果的情况下，严格按照相关法律、法规进行征收工作，至2015年4月27日，马鞍南苑1栋最后一户业主依法强制搬离（行政征收期间又有3户陆续签约同意改进，最后仅1户被执行强制搬迁），曹家巷片区棚户区改造项目取得了阶段性成果。

金牛区首创“自治改造”与“房屋征收”无缝对接的棚改模式，通过自治改造推进大多数群众签约、行政征收解决极少数群众阻碍，既解决了自治改造中的极少数业主漫天要价、拒绝签约交房造成改造难以推进的困局，最大限度巩固了自治改造的成果，也在现有法律框架下对依法拆迁进行了创新，对传统行政征收方式作了重要补充，对推进城市拆迁法制化进程具有积极的社会效果和引导作用，是执政为民、依法治区的成功案例，为解决城市贫民区的改造这一世界级的城市病提供了有益参考。

［依法治理］

## “诉非衔接”改革的眉山经验

2012年，眉山被最高人民法院纳入诉讼与非诉讼衔接矛盾纠纷解决机制改革试点，创新推行“辅分调审”的工作模式（“辅”即诉讼辅导，让当事人更加理性地面对诉讼和纠纷，促进大部分纠纷在法院“前台”分流调解；“分”即引导当事人选择对抗性不强、便于修复关系的最适合的纠纷解决方式；“调”是由辅导法官或专职调解员进行立案调解；“审”即对当事人坚持诉讼且事实清楚、争议不大的案件分流到速裁庭速裁，案情复杂的分流至普通业务庭处理），形成了法院诉讼与人民调解、行政调解、行业调解、仲裁裁决、行政裁决等相衔接的矛盾化解机制。据统计，2014年~2016年，眉山市共发生7万多件矛盾纠纷，其中近95%的纠纷案例均通过“诉非衔接”得到解决。

眉山“诉非衔接”工作受到最高人民法院和各级党委政府充分肯定。在2016年3月13日第十二届全国人民代表大会第四次会议第三次全体会议上最高人民法院院长周强作的最高人民法院工作报告肯定并推广四川“眉山经验”。四川省委政法委也向全省各地下发通知要求学习眉山的经验做法。

眉山“诉非调解”是践行新时代“枫桥经验”的先进典范，创造了鲜活的“诉讼辅导制度”和“诉非衔接”改革经验，为全国社会治理提供了矛盾纠纷化解的新模式。

# 四川行政区划沿革

1949年年底至1950年年初，四川各地先后解放，四川省辖成都、自贡2个地级市、16个行政督查区、23个市辖区、141个县、1个管理局。

1950年1月至1952年7月，四川分设川东、川西、川北、川南4行署区：川东行署驻重庆市，辖壁山、涪陵、万县、大竹、酉阳5专区34县。1950年5月，析置万县市。1951年4月，壁山专区更名为江津专区。6月，北碚行政管理处改北碚市（1952年2月行署迁址）。1952年4月，析置合州市（1957年10月撤销，并入合川县）。川西行署驻成都市，辖成都市和温江、绵阳、眉山、茂县4专区8市辖区38县。1952年6月，成都县并入成都市及邻县。川南行署驻泸县，辖自贡市和泸县、宜宾、乐山、资中4专区3市辖区1县级市34县。1950年7月，资中专区更名为内江专区。1951年，析置内江、宜宾、五通桥3市，沐爱县并入高县。1952年1月，泸县专区更名为隆昌专区。川北行政署驻新设南充市，辖南充、达县、遂宁、剑阁4专区1县级市35县。

1952年1月，泸县、隆县、剑阁3专区分别更名隆昌专区、泸州专区、广元专区。9月，撤销川西、川东、川北、川南4行署区，合并设立四川省，省会成都市。12月，撤并酉阳专区，所属3县归涪陵专区。梁山县更名为梁平县。

1953年3月撤并大竹专区，所属大竹3县划归达县专区，广安县划归南充专区，垫江县划归涪陵专区。梁平县划归万县专区；撤销眉山专区，所辖夹江等6县划归乐山专区，邛崃等4县划归温江专区；撤销茂县专区，设立四川省藏族自治区（地级）。4月至12月，设阿坝、黑水、绰斯甲3县。靖化、感功改成大金县。7月，绵阳专区金堂等3县划归温江专区。

1954年6月，中央直辖的重庆市改为四川省辖市。11月，四川省名山县划归西康省。

1955年1月，设立重庆市南桐矿区。3月，西康省藏族自治区更名为西康省藏族自治州，后更名为四川省甘孜藏族自治州。4月，西康省凉山彝族自治区更名为西康省凉山彝族自治州，后更名为四川省凉山彝族自治州。7月，撤销西康省，所辖雅安市、雅安专区、西昌专区和藏族自治州、凉山彝族自治州及其所属的47县划归四川省。四川省藏族自治区更名为四川省阿坝藏族自治州。

1956年4月，设色达、呷洛、瓦岗、洪溪4县。10月，雅安专区的泸定县划归甘孜藏族自治州。12月，自贡市大安区并入自流井区。

1957年2月，乐山专区的屏山县划归宜宾专区。10月，合川市并入合川县。

1958年4月，茂县、汶川县合并设立茂汶羌族自治县；阿坝藏族自治州驻地由理县迁至马尔康县。9月，撤销彰明、江油2县，合并设立江彰县，撤销双流县并入温江县。撤销崇宁县分别并入灌县等3县；酆都县更名为丰都县。10月，撤并遂宁专区，所属安岳、乐至2县划归内江专区，其余7县划归绵阳专区;设壤塘县;内江专区的仁寿县划归乐山专区。

1959年3月,雅安市并入雅安县。五通桥市并入乐山县,丹棱县并入洪雅县,彭山、青神2县并入眉山县,昭化县并入广元县,罗江县并入安县和德阳县。4月,江律专区的巴县,綦江县和涪陵专区的长寿县划归重庆市。6月,江漳县更名为江油县,越嶲县更名为越西县,呷洛县更名为甘洛县,石硅县更名为石柱县。

1960年1月,古宋县并入叙永县,庆符县并入高县,德昌县并入西昌县, 金矿县并入盐源县和冕宁县,瓦岗县并入昭觉县和雷波县,洪溪县并入美姑县,普雄县并入越西县,布拖县并入普格县。4月,新津县并入大邑县,蒲江县并入邛崃县,什邡县并入广汉县,新都县并入新繁县。7月,大金县更名为金川县;撤销泸州专区,所属的泸州市和泸县等7县划宜宾专区;撤销成都市郊区,设立金牛、龙泉驿、青白江3区。8月,撤销理县,设立红原县;撤销南坪县,并入松潘县;撤销绰斯甲县,并入壤塘县和金川县。

1961年7月,设立自贡市大安区。12月,江津专署驻地由江津县迁至永川县。

1962年1月,恢复新都、新津、什邡、蒲江、双流、德昌、彭山、青神、丹棱、布拖10县。

1963年2月,恢复汶川、理县、南坪3县。10月,撤销盐源县设立盐源彝族自治县。

1965年3月,新繁县并入新都县,华阳县并入双流县。4月,设立重庆市大渡口区;设立地级渡口市。

1968 年 5 月,四川省人民委员会改称四川省革命委员会,各专区更名为地区。

1974 年 10 月,设立重庆市双桥区。

1976 年 2 月,析置达县、绵阳 2 县级市。4 月,设立渡口市东区、西区和郊区。

1977 年 9 月,江津地区江北县划归重庆市,温江地区金堂、双流 2 县划归成都市,绵阳地区潼南县划归江津地区,简阳县洛带区、仁寿县籍田区划归成都。

1978 年 4 月,宜宾地区的隆昌县划归内江地区。7 月,四川省革命委员会改为四川省人民政府,各地区革命委员会改为地区行政公署;撤销乾宁县并入道孚、雅江 2 县,撤销邓柯县并入石渠、德格 2 县,撤销义敦县并入巴塘、理塘 2 县。10 月,撤销西昌地区,所属 8 县划归凉山彝族自治州,米易、盐边 2 县划归渡口市;撤销盐源彝族自治县,设立盐源县;凉山彝族自治州驻地由昭觉县迁至西昌县。

1979 年 7 月,析置县级西昌市。10 月,设立华云、白沙、金口河 3 县级工农区。11 月,撤销乐山县,设立乐山市(县级市);撤销绵阳县,并入绵阳市;内江地区的荣县划归自贡市。

1981 年 7 月,江津地区更名为永川地区。

1983 年 3 月,撤销温江地区,所辖 12 县划归成都市;撤销永川地区,所辖 8 县划入重庆市;宜宾地区的富顺县划归自贡市;泸州市升为地级市,辖泸县、纳溪、合江、古蔺、叙永 5 县。4 月,秀山、酉阳 2 县改为秀山土家族苗族自治县、酉阳土家族苗族自治县。8 月,析成都市、绵阳地区 5 县置地级德阳市。9 月,撤销涪陵县,设立县级涪陵市;撤销雅安县,设立县级雅安市;泸州市的古蔺、叙永 2 县划归宜宾地区。11 月,黔江、石柱 2 县改为黔江土家族苗族自治县、石柱土家族自治县,彭水县改为苗族土家族自治县;自贡市郊区更名为沿滩区。

1984 年 4 月,马边、峨边 2 县改为彝族自治县并划归乐山地区。7 月,设立泸州市市中区。9 月,撤销德阳县,设立德阳市市中区。

1985 年 2 月,撤销华云工农区,设立县级华蓥市,撤销绵阳地区,设立地级绵阳市,县级绵阳市改为绵阳市市中区,绵阳市辖江油等 8 县、区;撤销广元县,设立地级广元市和广元市市中区,辖原绵阳地区的旺苍、青川、剑阁 3 县;撤销遂宁县,设立地级遂宁市和遂宁市市中区,将原绵阳地区的蓬溪、射洪 2 县划入;撤销内江地区设立地级内江市,辖乐至等 9 县、区,县级内江市改为内江市市中区;撤销乐山地区,设立地级乐山市,将原金口河工农区改为乐山市金河口区,辖 11 个县、4 个区、2 个彝族自治县。6 月,宜宾地区的古蔺、叙永 2 县划归泸州市。9 月,南充地区的苍溪县划归广元市。

1986 年 6 月,撤销西昌县,并入西昌市。

1987 年 1 月,渡口市更名为攀枝花市。7 月,阿坝藏族自治州更名为阿坝藏族羌族自治州;撤销茂汶羌族自治县,恢复茂县。

1988 年 2 月,撤销江油县,设立县级江油市;撤销广汉县,设立县级广汉市。3月,撤销灌县设立县级都江堰市。5月,设黔江地区,辖涪陵地区的石柱土家族自治县和秀山、黔江、酉阳3个土家族苗族自治县以及彭水苗族土家族自治县。9月,撤销峨眉县,设立峨眉山市。

1989年7月,撤销内江县,设立内江市东兴区。8月,设立广元市元坝、朝天2区。

1990年9月,撤销成都市东城区、西城区、金牛区,设立锦江、青羊、金牛、武侯、成华5区。

1991年1月,撤销阆中县,设立县级阆中市。

1992年3月,撤销永川县,设立县级永川市。8月,撤销江津县,设立县级江津市;撤销合川县,设立县级合川市。10月,撤销绵阳市市中区,设立绵阳市涪城、游仙2区。12月,撤销万县地区及万县市、万县,设立地级万县市,万县市设立龙宝、天城、五桥3区。

1993年1月,撤销资阳县,设立县级资阳市。2月,重庆市南桐矿区更名为万盛区。7月,析南充地区设广安地区,辖南充地区的华蓥市、广安县、岳池县、武胜县和达县地区的邻水县;撤销南充地区、南充市和南充县,设立地级南充市,南充市设立顺庆区、高坪区、嘉陵区;撤销巴中县,设立县级巴中市。7月,析达县地区设巴中地区,辖达县地区的巴中市、通江县、南江县和平昌县。达县地区、达县市分别更名为达川地区、达川市。7月,万源县和白沙工农区合并,设立县级万源市。11月,撤销彭县,设立县级彭州市。

1994年4月,撤销简阳县,设立县级简阳市;撤销南川县,设立县级南川市。6 月,撤销邛崃县,设立县级邛崃市;撤销崇庆县,设县级崇州市。12 月,重庆市市中区更名为渝中区;撤销江北县、巴县,设立重庆市渝北区、巴南区。

1995 年 10 月,撤销什邡县,设立县级什邡市。11 月,撤销涪陵地区和涪陵市,设立地级涪陵市,涪陵市设立枳城区、李渡区。12 月,泸州市市中区更名为江阳区;撤销纳溪县,设立泸州市纳溪、龙马潭 2 区。

1996 年 8 月,撤销德阳市市中区,设立德阳市旌阳区和罗江县。10 月,撤销宜宾地区和宜宾市,设立地级宜宾市,宜宾市设立翠屏区;撤销绵竹县,设立县级绵竹市。

1997 年 3 月,析重庆、万县、涪陵 3 市和黔江地区及其所属区、市、县设立重庆直辖市。5 月,析乐山市设立眉山地区,辖仁寿、眉山、青神、彭山、丹棱、洪雅 6 县。10 月,析蓬溪县设立大英县。12 月,南坪县更名为九寨沟县。

1998 年 2 月,析内江市设立资阳地区,辖资阳、简阳 2 县级市和安岳、乐至 2 县。7 月,撤销广安地区和广安县,设立地级广安市,广安市设立广安区。

1999 年 6 月,撤销达川地区和达川市,设立地级达州市,达州市设立通川区。

2000 年 6 月,撤销巴中地区和巴中市,设立地级巴中市,巴中市设立巴州区;撤销眉山地区和眉山县,设立地级眉山市,眉山市设立东坡区;撤销资阳地区和资阳市,设立地级资阳市,资阳市设立雁江区;撤销雅安地区和雅安市,设立地级雅安市,雅安市设立雨城区。

2001 年 11 月，撤销新都县，设立成都市新都区。

2002 年 4 月，撤销温江县，设立成都市温江区。

2003 年 7 月，撤销北川县，设立北川羌族自治县。仪陇县人民政府驻地由金城镇迁至新政镇。12 月，撤销遂宁市市中区，设立遂宁市船山区和安居区。

2005 年 6 月，调整自贡市自流井区、贡井区、大安区、沿滩区行政区划。

2007 年 1 月，广元市市中区更名为利州区。

2009 年 2 月，调整北川羌族自治县行政区划。

2010 年 9 月，成都市人民政府驻地由成都市青羊区迁至成都市武侯区。

2011 年 2 月，撤销南溪县，设立宜宾市南溪区。

2012 年 9 月，撤销名山县，设立雅安市名山区。

2013 年 1 月，析巴中市巴州区，设立巴中市恩阳区。2 月，析广安市广安区，设立广安市前锋区。3 月，广元市元坝区更名为昭化区。6 月，撤销达县，设立达州市达川区。

2014 年 10 月，撤销彭山县，设立眉山市彭山区。

2015 年 2 月，撤销康定县，设立县级康定市，康定市由甘孜藏族自治州管辖。11 月，撤销马尔康县，设立县级马尔康市，马尔康市由阿坝藏族羌族自治州管辖。12 月，撤销双流县，设立成都市双流区。

2016 年 3 月，撤销安县，设立绵阳市安州区。5 月，将资阳市代管的县级简阳市改由成都市代管。11 月，撤销郫县，设立成都市郫都区。

2017年4月，撤销隆昌县，设立县级隆昌市，隆昌市由内江市代管。7月，撤销罗江县，设立德阳市罗江区。

2018年6月，撤销宜宾县，设立宜宾市叙州区，并调整宜宾市辖区部分行政区划。

2019年7月，撤销射洪县，设立县级射洪市，由四川省直辖，遂宁市代管。

# 四川地方性法规名录①

## (一)现行有效的地方性法规名录

截至2019年9月,四川省现行有效的省级地方性法规215件,其中修改116件、198次。

| 序号 | 法规标题 | 制定日期 | 修改日期 | 公布日期 |
| --- | --- | --- | --- | --- |
| 1 | 四川省农作物种子管理条例 | 1984年9月2日 | 1991年5月28日<br>2001年9月22日<br>2006年9月28日<br>2018年5月31日 | 2018年5月31日 |
| 2 | 四川省人民代表大会常务委员会关于加强同省人大代表联系的办法 | 1989年7月12日 | | 1986年7月12日 |
| 3 | 四川省群众义务消防条例 | 1989年9月20日 | 2001年9月22日<br>2004年9月24日 | 2004年9月24日 |
| 4 | 四川省《中华人民共和国渔业法》实施办法 | 1986年11月15日 | 2002年3月30日<br>2004年9月24日<br>2016年11月30日 | 2016年11月30日 |
| 5 | 四川省《中华人民共和国全国人民代表大会和地方各级人民代表大会选举法》实施办法 | 1987年7月2日 | 1992年9月24日<br>1995年6月20日<br>2005年11月25日<br>2010年11月24日<br>2016年6月1日 | 2016年6月1日 |

① 本附录仅摘录部分地方性法规,省级政府规章未录入。

续表

| 序号 | 法规标题 | 制定日期 | 修改日期 | 公布日期 |
|---|---|---|---|---|
| 6 | 四川省人口与计划生育条例 | 1987年7月2日 | 1993年12月15日<br>1997年10月17日<br>2002年9月26日<br>2004年9月24日<br>2014年3月20日<br>2016年1月22日 | 2016年1月22日 |
| 7 | 四川省《中华人民共和国土地管理法》实施办法 | 1987年11月2日 | 1989年11月15日<br>1995年6月20日<br>1997年10月17日<br>1999年12月10日<br>2012年7月27日 | 2012年7月27日 |
| 8 | 四川省人民代表大会常务委员会议事规则 | 1988年5月28日 | 2001年3月30日<br>2007年9月27日<br>2016年3月29日 | 2016年3月29日 |
| 9 | 四川省消费者权益保护条例 | 1988年9月26日 | 1992年9月26日<br>2007年7月27日 | 2007年7月27日 |
| 10 | 四川省长江水源涵养保护条例 | 1988年12月7日 | 1997年10月17日<br>2004年9月24日 | 2004年9月24日 |
| 11 | 四川省老年人权益保障条例 | 1989年3月10日 | 2018年7月26日 | 2018年7月26日 |
| 12 | 四川省《中华人民共和国野生动物保护法》实施办法 | 1990年1月16日 | 1996年6月18日<br>2004年9月24日<br>2009年3月27日<br>2012年7月27日 | 2012年7月27日 |
| 13 | 四川省县级人民代表大会常务委员会行使职权的规定 | 1990年1月16日 | | 1990年1月16日 |

续表

| 序号 | 法规标题 | 制定日期 | 修改日期 | 公布日期 |
|---|---|---|---|---|
| 14 | 四川省人民代表大会议事规则 | 1990年2月17日 | 2002年4月8日 | 2002年4月8日 |
| 15 | 四川省《中华人民共和国集会游行示威法》实施办法 | 1990年4月28日 | 2001年9月22日 | 2001年9月22日 |
| 16 | 四川省未成年人保护条例 | 1990年9月5日 | 2011年9月29日 | 2011年9月29日 |
| 17 | 四川省消防条例 | 1990年10月14日 | 2002年5月30日<br>2004年9月24日<br>2011年5月27日 | 2011年5月27日 |
| 18 | 四川省环境保护条例 | 1991年7月29日 | 2004年9月24日<br>2017年9月22日 | 2017年9月22日 |
| 19 | 四川省城市园林绿化条例 | 1992年7月22日 | 1997年10月17日<br>2004年9月24日<br>2018年7月26日 | 2018年7月26日 |
| 20 | 四川省禁毒条例 | 1993年10月28日 | 1997年10月17日<br>2018年12月7日 | 2018年12月7日 |
| 21 | 四川省村镇规划建设管理条例 | 1993年12月15日 | 2004年9月24日 | 2004年9月24日 |
| 22 | 四川省企业负担监督管理条例 | 1993年12月15日 | 2002年7月20日 | 2002年7月20日 |
| 23 | 四川省《中华人民共和国妇女权益保障法》实施办法 | 1994年4月2日 | 1997年10月17日<br>2007年9月27日 | 2007年9月27日 |

续表

| 序号 | 法规标题 | 制定日期 | 修改日期 | 公布日期 |
| --- | --- | --- | --- | --- |
| 24 | 四川省《中华人民共和国残疾人保障法》实施办法 | 1994年5月28日 | 2012年7月27日 | 2012年7月27日 |
| 25 | 四川省公路路政管理条例 | 1994年5月28日 | 1997年12月27日<br>2004年11月30日<br>2012年7月27日 | 2012年7月27日 |
| 26 | 四川省人民代表大会常务委员会关于加强上市猪肉卫生质量管理的决定 | 1994年5月28日 | 1997年12月27日 | 1997年12月27日 |
| 27 | 四川省产品质量监督管理条例 | 1994年12月3日 | 2002年7月20日<br>2012年7月27日 | 2012年7月27日 |
| 28 | 四川省医疗机构管理条例 | 1994年12月3日 | 2001年3月30日 | 2001年3月30日 |
| 29 | 四川省《中华人民共和国全国人民代表大会和地方各级人民代表大会代表法》实施办法 | 1995年2月11日 | 2011年5月27日<br>2014年5月29日<br>2016年6月1日<br>2018年5月31日 | 2018年5月31日 |
| 30 | 四川省《中华人民共和国教师法》实施办法 | 1995年4月26日 | 2005年5月2日 | 2005年5月26日 |

续表

| 序号 | 法规标题 | 制定日期 | 修改日期 | 公布日期 |
| --- | --- | --- | --- | --- |
| 31 | 四川省人民代表大会常务委员会关于严厉查处生产、销售假冒伪劣商品违法行为的决定 | 1995年4月26日 | | 1995年4月26日 |
| 32 | 四川省长江防护林体系管理条例 | 1995年4月26日 | | 1995年4月26日 |
| 33 | 四川省农业机械管理条例 | 1995年8月17日 | 2004年9月24日<br>2012年7月27日 | 2012年7月27日 |
| 34 | 四川省社会治安综合治理条例 | 1995年10月19日 | 2006年5月26日 | 1995年10月19日 |
| 35 | 四川省基层法律服务条例 | 1995年12月20日 | 2004年9月24日 | 2004年9月24日 |
| 36 | 四川省价格管理条例 | 1996年4月16日 | 1998年4月6日 | 1998年4月6日 |
| 37 | 四川省归侨侨眷企业事业权益保护条例 | 1996年4月16日 | 1997年12月27日 | 1997年12月27日 |
| 38 | 四川省防震减灾条例 | 1996年6月18日 | 1999年12月10日<br>2012年5月31日 | 2012年5月31日 |
| 39 | 四川省水上交通事故处理条例 | 1996年8月19日 | | 1996年8月19日 |
| 40 | 四川省殡葬管理条例 | 1996年10月14日 | 1997年10月17日<br>2004年9月24日 | 2004年9月24日 |

续表

| 序号 | 法规标题 | 制定日期 | 修改日期 | 公布日期 |
|---|---|---|---|---|
| 41 | 四川省建筑管理条例 | 1996 年 10 月 14 日 | 2002 年 5 月 30 日 | 2002 年 5 月 30 日 |
| 42 | 四川省公民献血条例 | 1996 年 10 月 14 日 | 1998 年 8 月 30 日 | 1998 年 8 月 30 日 |
| 43 | 四川省人民代表大会常务委员会关于政府规章设定罚款限额的规定 | 1996 年 10 月 14 日 | 2017 年 7 月 27 日 | 2017 年 7 月 27 日 |
| 44 | 四川省暂住人口治安管理条例 | 1996 年 12 月 24 日 | 2004 年 9 月 24 日 | 2004 年 9 月 24 日 |
| 45 | 四川省开发区管理条例 | 1996 年 12 月 24 日 | | 1996 年 12 月 24 日 |
| 46 | 四川省中医药条例 | 1997 年 2 月 21 日 | 2001 年 3 月 30 日<br>2004 年 9 月 24 日<br>2009 年 11 月 27 日 | 2009 年 11 月 27 日 |
| 47 | 四川省专利保护条例 | 1997 年 6 月 16 日 | 2001 年 9 月 22 日<br>2012 年 3 月 29 日 | 2012 年 3 月 29 日 |
| 48 | 四川省都江堰水利工程管理条例 | 1997 年 6 月 16 日 | 2003 年 11 月 28 日 | 2003 年 11 月 28 日 |
| 49 | 四川省木材运输管理条例 | 1997 年 10 月 17 日 | 2010 年 11 月 24 日<br>2012 年 7 月 27 日 | 2012 年 7 月 27 日 |
| 50 | 四川省标准化监督管理条例 | 1997 年 10 月 17 日 | 2005 年 11 月 25 日 | 2005 年 11 月 25 日 |
| 51 | 四川省计量监督管理条例 | 1997 年 10 月 17 日 | 2004 年 9 月 24 日<br>2017 年 9 月 22 日<br>2019 年 9 月 26 日 | 2019 年 9 月 26 日 |

续表

| 序号 | 法规标题 | 制定日期 | 修改日期 | 公布日期 |
|---|---|---|---|---|
| 52 | 四川省矿产资源管理条例 | 1997年10月17日 | | 1997年10月17日 |
| 53 | 四川省公墓管理条例 | 1997年10月17日 | | 1997年10月17日 |
| 54 | 四川省科学技术进步条例 | 1997年12月27日 | 2004年9月24日<br>2016年7月23日 | 2016年7月23日 |
| 55 | 四川省水路交通管理条例 | 1998年6月12日 | 2012年7月27日 | 2012年7月27日 |
| 56 | 四川省水利工程管理条例 | 1998年8月30日 | 2017年6月3日 | 2017年6月3日 |
| 57 | 四川省民营科技企业条例 | 1998年10月17日 | 2002年5月30日 | 2002年5月30日 |
| 58 | 四川省天然林保护条例 | 1999年1月29日 | 2009年3月27日 | 2009年3月27日 |
| 59 | 四川省《中华人民共和国动物防疫法》实施办法 | 1999年6月1日 | 2014年3月20日 | 2014年3月20日 |
| 60 | 四川省科学技术普及条例 | 1999年8月14日 | 2012年9月21日 | 2012年9月21日 |
| 61 | 四川省地质环境管理条例 | 1999年8月14日 | 2009年3月27日<br>2012年7月27日 | 2012年7月27日 |
| 62 | 四川省涉案财物价格鉴证管理条例 | 1999年10月14日 | 2004年9月24日<br>2009年9月25日 | 2009年9月25日 |
| 63 | 四川省自然保护区管理条例 | 1999年10月14日 | 2009年3月27日<br>2018年9月30日 | 2018年9月30日 |
| 64 | 四川省宗教事务条例 | 2000年5月9日 | 2006年11月30日 | 2006年11月30日 |

续表

| 序号 | 法规标题 | 制定日期 | 修改日期 | 公布日期 |
| --- | --- | --- | --- | --- |
| 65 | 四川省财政收支审计条例 | 2000 年 7 月 15 日 | 2012 年 3 月 29 日 | 2012 年 3 月 29 日 |
| 66 | 四川省城市供水条例 | 2000 年 9 月 15 日 | 2004 年 9 月 24 日<br>2004 年 11 月 30 日<br>2009 年 3 月 27 日<br>2011 年 7 月 29 日<br>2012 年 7 月 27 日 | 2012 年 7 月 27 日 |
| 67 | 四川省森林公园管理条例 | 2000 年 11 月 30 日 | | 2000 年 11 月 30 日 |
| 68 | 四川省促进科技成果转化条例 | 2001 年 3 月 30 日 | 2018 年 9 月 30 日 | 2018 年 9 月 30 日 |
| 69 | 四川省《中华人民共和国村民委员会组织法》实施办法 | 2001 年 7 月 21 日 | 2015 年 12 月 3 日 | 2015 年 12 月 3 日 |
| 70 | 四川省建设工程勘察设计管理条例 | 2001 年 7 月 21 日 | | 2001 年 7 月 21 日 |
| 71 | 四川省失业保险条例 | 2001 年 7 月 21 日 | | 2001 年 7 月 21 日 |
| 72 | 四川省法律援助条例 | 2001 年 9 月 22 日 | 2014 年 3 月 20 日 | 2014 年 3 月 20 日 |
| 73 | 四川省行政执法监督条例 | 2001 年 9 月 22 日 | 2010 年 9 月 29 日 | 2010 年 9 月 29 日 |
| 74 | 四川省人才市场管理条例 | 2002 年 1 月 18 日 | 2004 年 9 月 24 日<br>2009 年 3 月 27 日 | 2009 年 3 月 27 日 |
| 75 | 四川省劳动和社会保障监察条例 | 2002 年 1 月 18 日 | 2018 年 7 月 26 日 | 2018 年 7 月 26 日 |

续表

| 序号 | 法规标题 | 制定日期 | 修改日期 | 公布日期 |
| --- | --- | --- | --- | --- |
| 76 | 四川省公民旁听省人民代表大会常务委员会会议规定 | 2002年1月18日 | | 2002年1月18日 |
| 77 | 四川省人民代表大会常务委员会关于加强省级预算审查监督的决定 | 2002年5月30日 | | 2002年5月30日 |
| 78 | 四川省司法鉴定管理条例 | 2002年7月20日 | | 2002年7月20日 |
| 79 | 四川省国家投资工程建设项目招标投标条例 | 2003年9月25日 | | 2003年9月25日 |
| 80 | 四川省村民委员会选举条例 | 2003年11月28日 | 2015年12月3日 | 2015年12月3日 |
| 81 | 四川省人民代表大会常务委员会关于停止执行四川省地方性法规中部分行政许可事项的决定 | 2004年7月30日 | | 2004年7月30日 |
| 82 | 四川省阆中古城保护条例 | 2004年7月30日 | 2019年5月23日 | 2019年5月23日 |
| 83 | 四川省企业技术创新条例 | 2004年11月30日 | | 2004年11月30日 |
| 84 | 四川省技术市场条例 | 2005年4月6日 | 2009年3月27日 | 2005年4月6日 |

续表

| 序号 | 法规标题 | 制定日期 | 修改日期 | 公布日期 |
|---|---|---|---|---|
| 85 | 四川省《中华人民共和国道路交通安全法》实施办法 | 2005年11月25日 | 2012年11月30日 | 2012年11月30日 |
| 86 | 四川省气象灾害防御条例 | 2006年3月31日 | | 2006年3月31日 |
| 87 | 四川省《中华人民共和国文物保护法》实施办法 | 2006年5月26日 | 2014年7月30日<br>2018年7月26日 | 2018年7月26日 |
| 88 | 四川省人民代表大会常务委员会讨论决定重大事项的规定 | 2006年5月26日 | 2017年9月22日 | 2017年9月22日 |
| 89 | 四川省旅游条例 | 2006年9月28日 | 2012年5月31日 | 2012年5月31日 |
| 90 | 四川省安全生产条例 | 2006年11月30日 | | 2006年11月30日 |
| 91 | 四川省水上交通安全管理条例 | 2007年9月27日 | 2012年7月27日 | 2012年7月27日 |
| 92 | 四川省《中华人民共和国环境影响评价法》实施办法 | 2007年9月27日 | 2019年9月26日 | 2019年9月26日 |
| 93 | 四川省《中华人民共和国农村土地承包法》实施办法 | 2007年11月29日 | | 2007年11月29日 |

续表

| 序号 | 法规标题 | 制定日期 | 修改日期 | 公布日期 |
|---|---|---|---|---|
| 94 | 四川省内部审计条例 | 2007年11月29日 | | 2007年11月29日 |
| 95 | 四川省《中华人民共和国公路法》实施办法 | 2008年11月21日 | | 2008年11月21日 |
| 96 | 四川省人民调解条例 | 2008年11月21日 | | 2008年11月21日 |
| 97 | 四川省民族自治地方自治条例和单行条例报批程序规定 | 2009年3月27日 | | 2009年3月27日 |
| 98 | 四川省村务公开条例 | 2009年7月22日 | | 2009年7月22日 |
| 99 | 四川省《中华人民共和国防沙治沙法》实施办法 | 2009年9月25日 | | 2009年9月25日 |
| 100 | 四川省预防职务犯罪工作条例 | 2009年11月27日 | | 2009年11月27日 |
| 101 | 四川省《中华人民共和国各级人民代表大会常务委员会监督法》实施办法 | 2010年3月31日 | | 2010年3月31日 |
| 102 | 四川省人民代表大会常务委员会关于加强农村村民住宅抗震设防管理的决定 | 2010年7月24日 | | 2010年7月24日 |

续表

| 序号 | 法规标题 | 制定日期 | 修改日期 | 公布日期 |
|---|---|---|---|---|
| 103 | 四川省《中华人民共和国农民专业合作社法》实施办法 | 2010 年 9 月 29 日 |  | 2010 年 9 月 29 日 |
| 104 | 四川省农村能源条例 | 2010 年 11 月 24 日 | 2017 年 7 月 27 日 | 2017 年 7 月 27 日 |
| 105 | 四川省城乡环境综合治理条例 | 2011 年 7 月 29 日 |  | 2011 年 7 月 29 日 |
| 106 | 四川省城乡规划条例 | 2011 年 9 月 29 日 |  | 2011 年 9 月 29 日 |
| 107 | 四川省城市管理综合行政执法条例 | 2012 年 11 月 30 日 |  | 2012 年 11 月 30 日 |
| 108 | 四川省政务服务条例 | 2013 年 4 月 2 日 |  | 2013 年 4 月 2 日 |
| 109 | 四川省财政监督条例 | 2013 年 5 月 30 日 |  | 2013 年 5 月 30 日 |
| 110 | 四川省政府投资建设项目审计条例 | 2014 年 3 月 20 日 | 2017 年 12 月 1 日 | 2017 年 12 月 1 日 |
| 111 | 四川省电力设施保护和供用电秩序维护条例 | 2014 年 5 月 29 日 |  | 2014 年 5 月 29 日 |
| 112 | 四川省《中华人民共和国义务教育法》实施办法 | 2014 年 5 月 29 日 |  | 2014 年 5 月 29 日 |

续表

| 序号 | 法规标题 | 制定日期 | 修改日期 | 公布日期 |
|---|---|---|---|---|
| 113 | 四川省道路运输条例 | 2014 年 7 月 30 日 | | 2014 年 7 月 30 日 |
| 114 | 四川省国有土地上房屋征收与补偿条例 | 2014 年 9 月 26 日 | | 2014 年 9 月 26 日 |
| 115 | 四川省非税收入征收管理条例 | 2015 年 4 月 1 日 | | 2015 年 4 月 1 日 |
| 116 | 四川省农村扶贫开发条例 | 2015 年 4 月 1 日 | | 2015 年 4 月 1 日 |
| 117 | 四川省高速公路条例 | 2015 年 9 月 25 日 | | 2015 年 9 月 25 日 |
| 118 | 四川省人民代表大会常务委员会关于制止和查处违法建设的决定 | 2015 年 9 月 25 日 | | 2015 年 9 月 25 日 |
| 119 | 四川省宪法宣誓制度实施办法 | 2015 年 12 月 3 日 | 2018 年 3 月 29 日 | 2018 年 3 月 29 日 |
| 120 | 四川省世界遗产保护条例 | 2002 年 1 月 18 日 | 2015 年 12 月 3 日 | 2015 年 12 月 3 日 |
| 121 | 四川省人民代表大会及其常务委员会立法条例 | 2016 年 1 月 29 日 | | 2016 年 1 月 29 日 |
| 122 | 四川省大中型水利水电工程移民工作条例 | 2016 年 7 月 23 日 | | 2016 年 7 月 23 日 |

续表

| 序号 | 法规标题 | 制定日期 | 修改日期 | 公布日期 |
|---|---|---|---|---|
| 123 | 四川省人民代表大会常务委员会关于加快实施创新驱动发展战略的决定 | 2016 年 9 月 28 日 | | 2016 年 9 月 28 日 |
| 124 | 四川省非物质文化遗产条例 | 2017 年 6 月 3 日 | | 2017 年 6 月 3 日 |
| 125 | 四川省农村公路条例 | 2017 年 7 月 27 日 | | 2017 年 7 月 27 日 |
| 126 | 四川省就业创业促进条例 | 2017 年 9 月 22 日 | | 2017 年 9 月 22 日 |
| 127 | 四川省人民代表大会常务委员会关于四川省监察委员会副主任、委员任免及主任、副主任、委员宪法宣誓有关事项的决定 | 2017 年 12 月 1 日 | | 2017 年 12 月 1 日 |
| 128 | 四川省人民代表大会常务委员会关于省人民政府机构改革涉及地方性法规规定的行政机关职责调整问题的决定 | 2018 年 11 月 3 日 | | 2018 年 11 月 3 日 |

续表

| 序号 | 法规标题 | 制定日期 | 修改日期 | 公布日期 |
|---|---|---|---|---|
| 129 | 四川省人民代表大会常务委员会关于加强行政执法与刑事司法衔接工作的决定 | 2018年12月7日 | | 2018年12月7日 |
| 130 | 成都国家自主创新示范区条例 | 2018年12月7日 | | 2018年12月7日 |
| 131 | 四川省预算审查监督条例 | 2019年1月10日 | | 2019年1月10日 |
| 132 | 四川省沱江流域水环境保护条例 | 2019年5月23日 | | |
| 133 | 中国(四川)自由贸易试验区条例 | 2019年5月23日 | | |

## (二)现行有效的设区的市地方性法规名录

截至2019年9月,四川省现行有效的设区的市地方性法规目录140件,其中修改50件、71次。

| 序号 | 法规标题 | 制定日期 | 修改日期 | 类别 |
|---|---|---|---|---|
| 1 | 成都市《中华人民共和国渔业法》实施办法 | 1990年1月16日 | 2002年11月30日<br>2006年9月28日<br>2015年7月22日<br>2018年9月30日 | 农业农村 |
| 2 | 成都市环境噪声(震动)管理条例 | 1989年9月20日 | 1990年11月7日 | 环境资源 |

续表

| 序号 | 法规标题 | 制定日期 | 修改日期 | 类别 |
| --- | --- | --- | --- | --- |
| 3 | 成都市实施《中华人民共和国集会游行示威法》办法 | 1990 年 9 月 5 日 | 2012 年 11 月 30 日 | 监察司法 |
| 4 | 成都市水资源管理条例 | 1991 年 5 月 27 日 | 2013 年 4 月 2 日 | 环境资源 |
| 5 | 成都市饮用水水源保护条例 | 1992 年 3 月 13 日 | 2014 年 7 月 30 日<br>2018 年 9 月 30 日 | 环境资源 |
| 6 | 成都市文物保护管理条例 | 1993 年 4 月 18 日 | 1999 年 4 月 3 日<br>2006 年 11 月 30 日 | 文化卫生 |
| 7 | 成都市市政工程设施管理条例 | 1993 年 4 月 18 日 | 1995 年 10 月 19 日 | 城乡建设 |
| 8 | 成都市《中华人民共和国河道管理条例》实施办法 | 1993 年 6 月 21 日 | 2006 年 9 月 28 日 | 经济建设 |
| 9 | 成都市产品质量监督条例 | 1995 年 4 月 26 日 | 2001 年 11 月 23 日<br>2012 年 11 月 30 日 | 经济建设 |
| 10 | 成都市科学技术进步条例 | 1995 年 10 月 19 日 | 2006 年 9 月 28 日<br>2017 年 7 月 27 日 | 教育科学 |
| 11 | 成都市公共场所禁止吸烟规定 | 1996 年 10 月 14 日 |  | 文化卫生 |
| 12 | 成都市计量管理监督条例 | 1996 年 12 月 24 日 | 2006 年 9 月 28 日<br>2012 年 11 月 30 日 | 经济建设 |
| 13 | 成都市燃气管理条例 | 1997 年 2 月 21 日 | 2006 年 9 月 28 日<br>2017 年 6 月 3 日 | 经济建设 |
| 14 | 成都市摩托车管理规定 | 1997 年 8 月 19 日 | 2006 年 11 月 30 日<br>2012 年 3 月 29 日<br>2018 年 9 月 30 日 | 社会建设 |
| 15 | 成都市客运出租汽车管理条例 | 1998 年 4 月 6 日 | 2002 年 3 月 30 日<br>2012 年 3 月 29 日 | 经济建设 |

续表

| 序号 | 法规标题 | 制定日期 | 修改日期 | 类别 |
|---|---|---|---|---|
| 16 | 成都市社会急救医疗管理规定 | 1999年1月29日 | 2011年9月29日 | 文化卫生 |
| 17 | 成都市邮政管理条例 | 1999年1月29日 | 2006年9月28日 | 经济建设 |
| 18 | 成都市《中华人民共和国献血法》实施办法 | 1999年10月14日 | 2011年1月15日 | 文化卫生 |
| 19 | 成都市消防条例 | 2000年11月30日 | 2006年9月28日<br>2010年7月24日 | 社会建设 |
| 20 | 成都市城市供水管理条例 | 2000年11月30日 | 2006年9月28日<br>2019年9月26日 | 城乡建设 |
| 21 | 成都市股份合作制企业条例 | 2001年11月23日 | | 经济建设 |
| 22 | 成都市行政执法责任制条例 | 2002年1月18日 | 2012年9月21日 | 经济建设 |
| 23 | 成都市城市公共汽车客运管理条例 | 2002年11月30日 | 2006年9月28日 | 经济建设 |
| 24 | 成都市清真食品管理规定 | 2004年11月30日 | 2015年7月22日 | 文化卫生 |
| 25 | 成都市志愿服务条例 | 2005年4月6日 | | 社会建设 |
| 26 | 成都市公园条例 | 2006年5月26日 | | 环境资源 |
| 27 | 成都市宗教活动场所管理规定 | 2006年9月28日 | 2015年9月25日 | 民族宗教 |
| 28 | 成都市食用农产品质量安全条例 | 2006年9月28日 | | 农业农村 |

续表

| 序号 | 法规标题 | 制定日期 | 修改日期 | 类别 |
| --- | --- | --- | --- | --- |
| 29 | 成都市烟草专卖管理条例 | 2006年11月30日 | 2012年11月30日<br>2015年5月21日 | 经济建设 |
| 30 | 成都市专利保护和促进条例 | 2006年11月30日 | 2013年11月28日 | 经济建设 |
| 31 | 成都市人民代表大会常务委员会任免国家机关工作人员条例 | 2007年3月29日 | | 自身建设 |
| 32 | 成都市物业管理条例 | 2007年9月27日 | | 社会建设 |
| 33 | 成都市未成年人安全保护条例 | 2007年9月27日 | | 社会建设 |
| 34 | 成都市古树名木保护管理规定 | 2008年5月21日 | 2015年7月22日 | 环境资源 |
| 35 | 成都市节约用水管理条例 | 2008年9月25日 | 2015年9月25日<br>2018年9月30日 | 环境资源 |
| 36 | 成都市罚没财产管理规定 | 2008年9月25日 | | 监察司法 |
| 37 | 成都市旅游业促进条例 | 2009年3月27日 | 2016年6月1日 | 文化卫生 |
| 38 | 成都市市容和环境卫生管理条例 | 2009年7月22日 | 2012年9月21日<br>2017年3月29日<br>2018年9月30日 | 环境资源 |
| 39 | 成都市法制宣传教育条例 | 2009年7月22日 | | 监察司法 |
| 40 | 成都市城乡规划条例 | 2009年9月25日 | 2012年11月30日<br>2017年6月3日<br>2018年9月30日 | 城乡建设 |

续表

| 序号 | 法规标题 | 制定日期 | 修改日期 | 类别 |
|---|---|---|---|---|
| 41 | 成都市养犬管理条例 | 2009 年 11 月 27 日 | | 社会建设 |
| 42 | 成都市房屋使用安全管理条例 | 2011 年 5 月 27 日 | 2015 年 5 月 21 日 | 经济建设 |
| 43 | 成都市妇女权益保障条例 | 2011 年 9 月 29 日 | | 社会建设 |
| 44 | 成都市法律援助条例 | 2011 年 11 月 25 日 | 2015 年 9 月 25 日 | 监察司法 |
| 45 | 成都市就业促进条例 | 2012 年 5 月 31 日 | | 经济建设 |
| 46 | 成都市园林绿化条例 | 2012 年 9 月 21 日 | 2019 年 9 月 26 日 | 环境资源 |
| 47 | 成都市户外广告和招牌设置管理条例 | 2012 年 11 月 30 日 | 2015 年 5 月 21 日<br>2018 年 9 月 30 日 | 经济建设 |
| 48 | 成都市环城生态区保护条例 | 2012 年 11 月 30 日 | | 环境资源 |
| 49 | 成都市职业教育促进条例 | 2012 年 11 月 30 日 | | 教育科学 |
| 50 | 成都市建筑垃圾处置管理条例 | 2013 年 9 月 25 日 | | 环境资源 |
| 51 | 成都市人民代表大会常务委员会执法检查条例 | 2013 年 11 月 28 日 | | 自身建设 |
| 52 | 成都市地名管理条例 | 2014 年 7 月 30 日 | | 社会建设 |
| 53 | 成都市非机动车管理条例 | 2014 年 9 月 26 日 | | 社会建设 |

续表

| 序号 | 法规标题 | 制定日期 | 修改日期 | 类别 |
|---|---|---|---|---|
| 54 | 成都市烟花爆竹燃放管理规定 | 2014 年 11 月 26 日 | 2018 年 9 月 30 日 | 社会建设 |
| 55 | 成都市养老服务促进条例 | 2015 年 6 月 1 日 | 2018 年 9 月 30 日 | 社会建设 |
| 56 | 成都市爱国卫生管理规定 | 2015 年 9 月 25 日 | | 文化卫生 |
| 57 | 泸州市地方立法条例 | 2016 年 3 月 29 日 | | 自身建设 |
| 58 | 绵阳市人民代表大会及其常务委员会立法条例 | 2016 年 3 月 29 日 | | 自身建设 |
| 59 | 眉山市地方立法条例 | 2016 年 3 月 29 日 | | 自身建设 |
| 60 | 成都市地方立法条例 | 2016 年 6 月 1 日 | | 自身建设 |
| 61 | 南充市人民代表大会及其常务委员会立法条例 | 2016 年 6 月 1 日 | | 自身建设 |
| 62 | 达州市地方立法条例 | 2016 年 6 月 1 日 | | 自身建设 |
| 63 | 雅安市人民代表大会及其常务委员会立法条例 | 2016 年 6 月 1 日 | | 自身建设 |
| 64 | 自贡市地方立法条例 | 2016 年 6 月 1 日 | | 自身建设 |
| 65 | 成都市建设施工现场管理条例 | 2016 年 9 月 28 日 | 2018 年 9 月 30 日 | 经济建设 |
| 66 | 攀枝花市地方立法条例 | 2016 年 9 月 28 日 | | 自身建设 |

续表

| 序号 | 法规标题 | 制定日期 | 修改日期 | 类别 |
|---|---|---|---|---|
| 67 | 成都市社区教育促进条例 | 2016年11月30日 | | 教育科学 |
| 68 | 成都市兴隆湖区域生态保护条例 | 2016年11月30日 | 2019年9月26日 | 环境资源 |
| 69 | 成都市体育条例 | 2016年11月30日 | 2016年6月1日 | 教育科学 |
| 70 | 成都市公共场所治安管理规定 | 2016年11月30日 | 2015年12月3日 | 监察司法 |
| 71 | 绵阳市城市市容和环境卫生管理条例 | 2016年11月30日 | 2019年7月25日 | 环境资源 |
| 72 | 遂宁市人民代表大会及其常务委员会立法条例 | 2016年11月30日 | | 自身建设 |
| 73 | 内江市地方立法条例 | 2016年11月30日 | | 自身建设 |
| 74 | 南充市城市园林绿化条例 | 2016年11月30日 | | 环境资源 |
| 75 | 巴中市城市饮用水水源保护条例 | 2016年11月30日 | | 环境资源 |
| 76 | 自贡市集中式饮用水水源地保护条例 | 2016年11月30日 | | 环境资源 |
| 77 | 眉山市城乡规划条例 | 2016年11月30日 | | 城乡建设 |
| 78 | 成都市城市轨道交通管理条例 | 2017年3月29日 | | 经济建设 |
| 79 | 德阳市地方立法条例 | 2017年3月29日 | | 自身建设 |

续表

| 序号 | 法规标题 | 制定日期 | 修改日期 | 类别 |
| --- | --- | --- | --- | --- |
| 80 | 广安市制定地方性法规条例 | 2017 年 3 月 29 日 | | 自身建设 |
| 81 | 广元市人民代表大会及其常务委员会立法条例 | 2017 年 3 月 29 日 | | 自身建设 |
| 82 | 乐山市人民代表大会及其常务委员会立法条例 | 2017 年 3 月 29 日 | | 自身建设 |
| 83 | 宜宾市地方立法条例 | 2017 年 3 月 29 日 | | 自身建设 |
| 84 | 泸州市违法建设治理条例 | 2017 年 3 月 29 日 | | 经济建设 |
| 85 | 雅安市新村聚居点管理条例 | 2017 年 3 月 29 日 | | 农业农村 |
| 86 | 成都市历史建筑和历史文化街区保护条例 | 2017 年 6 月 3 日 | 2018 年 9 月 30 日 | 环境资源 |
| 87 | 达州市集中式饮用水水源保护管理条例 | 2017 年 6 月 3 日 | | 环境资源 |
| 88 | 南充市城镇环境卫生管理条例 | 2017 年 7 月 27 日 | | 环境资源 |
| 89 | 成都市城市管理综合行政执法条例 | 2017 年 9 月 22 日 | | 社会建设 |
| 90 | 广安市集中式饮用水安全管理条例 | 2017 年 9 月 22 日 | | 环境资源 |

续表

| 序号 | 法规标题 | 制定日期 | 修改日期 | 类别 |
| --- | --- | --- | --- | --- |
| 91 | 自贡市物业管理条例 | 2017 年 9 月 22 日 | | 社会建设 |
| 92 | 泸州市物业管理条例 | 2017 年 9 月 22 日 | 2019 年 7 月 25 日 | 社会建设 |
| 93 | 达州市城市公共汽车客运条例 | 2017 年 9 月 22 日 | | 经济建设 |
| 94 | 乐山市中心城区绿心保护条例 | 2017 年 9 月 22 日 | | 环境资源 |
| 95 | 泸州市市容和环境卫生管理条例 | 2017 年 9 月 22 日 | 2019 年 7 月 25 日 | 环境资源 |
| 96 | 攀枝花市城市绿化条例 | 2017 年 12 月 1 日 | | 环境资源 |
| 97 | 达州市传统村落保护与利用条例 | 2017 年 12 月 1 日 | | 环境资源 |
| 98 | 巴中市城市道路交通秩序管理条例 | 2017 年 12 月 1 日 | 2019 年 7 月 25 日 | 社会建设 |
| 99 | 内江市甜城湖保护条例 | 2017 年 12 月 1 日 | | 环境资源 |
| 100 | 巴中市红军文物保护条例 | 2017 年 12 月 1 日 | 2019 年 7 月 25 日 | 环境资源 |
| 101 | 宜宾市翠屏山保护条例 | 2017 年 12 月 1 日 | | 环境资源 |
| 102 | 眉山市集中式饮用水水源地保护条例 | 2017 年 12 月 1 日 | | 环境资源 |
| 103 | 绵阳市水污染防治条例 | 2018 年 3 月 29 日 | | 环境资源 |

续表

| 序号 | 法规标题 | 制定日期 | 修改日期 | 类别 |
| --- | --- | --- | --- | --- |
| 104 | 德阳市城市管理条例 | 2018 年 3 月 29 日 |  | 社会建设 |
| 105 | 遂宁市城市管理条例 | 2018 年 3 月 29 日 |  | 社会建设 |
| 106 | 资阳市立法条例 | 2018 年 3 月 29 日 |  | 自身建设 |
| 107 | 广元市白龙湖亭子湖保护条例 | 2018 年 5 月 31 日 |  | 环境资源 |
| 108 | 达州市莲花湖湿地保护条例 | 2018 年 5 月 31 日 |  | 环境资源 |
| 109 | 宜宾市城市地下管线管理条例 | 2018 年 7 月 26 日 |  | 社会建设 |
| 110 | 泸州市白酒历史文化遗产保护和发展条例 | 2018 年 9 月 30 日 |  | 环境资源 |
| 111 | 自贡市井盐历史文化保护条例 | 2018 年 12 月 7 日 |  | 环境资源 |
| 112 | 巴中市石窟保护条例 | 2018 年 12 月 7 日 | 2019 年 7 月 25 日 | 环境资源 |
| 113 | 雅安市青衣江流域水环境保护条例 | 2018 年 12 月 7 日 |  | 环境资源 |
| 114 | 广安市城乡污水处理条例 | 2018 年 12 月 7 日 |  | 环境资源 |
| 115 | 资阳市安岳石刻保护条例 | 2018 年 12 月 7 日 |  | 环境资源 |
| 116 | 攀枝花市城市市容和环境卫生管理条例 | 2018 年 12 月 7 日 |  | 环境资源 |

续表

| 序号 | 法规标题 | 制定日期 | 修改日期 | 类别 |
|---|---|---|---|---|
| 117 | 乐山市集中式饮用水水源保护管理条例 | 2018 年 12 月 7 日 | | 环境资源 |
| 118 | 内江市城市园林绿化条例 | 2018 年 12 月 7 日 | | 环境资源 |
| 119 | 眉山市市容和环境卫生管理条例 | 2018 年 12 月 7 日 | | 环境资源 |
| 120 | 南充市城市道路车辆通行管理条例 | 2018 年 12 月 7 日 | | 社会建设 |
| 121 | 德阳市物业管理条例 | 2018 年 12 月 7 日 | | 社会建设 |
| 122 | 成都市都江堰灌区保护条例 | 2019 年 3 月 28 日 | | 环境资源 |
| 123 | 成都市龙泉山城市森林公园保护条例 | 2019 年 3 月 28 日 | | 环境资源 |
| 124 | 绵阳市物业管理条例 | 2019 年 3 月 28 日 | | 社会建设 |
| 125 | 广元市饮用水水源地保护条例 | 2019 年 3 月 28 日 | | 环境资源 |
| 126 | 达州市巴遗址遗迹保护条例 | 2019 年 3 月 28 日 | | 环境资源 |
| 127 | 成都市城市景观风貌保护条例 | 2019 年 5 月 23 日 | | 环境资源 |
| 128 | 广安市城市公共汽车客运安全规定 | 2019 年 5 月 23 日 | | 社会建设 |

续表

| 序号 | 法规标题 | 制定日期 | 修改日期 | 类别 |
|---|---|---|---|---|
| 129 | 宜宾市白酒历史文化保护条例 | 2019 年 7 月 25 日 | | 文化卫生 |
| 130 | 达州市市容和环境卫生管理条例 | 2019 年 7 月 25 日 | | 环境资源 |
| 131 | 眉山市三苏遗址遗迹保护条例 | 2019 年 7 月 25 日 | | 环境资源 |
| 132 | 自贡市文明行为促进条例 | 2019 年 9 月 26 日 | | 社会建设 |
| 133 | 攀枝花市环境噪声污染防治条例 | 2019 年 9 月 26 日 | | 环境资源 |
| 134 | 泸州市中心城区山体保护条例 | 2019 年 9 月 26 日 | | 环境资源 |
| 135 | 德阳市绵竹年画保护条例 | 2019 年 9 月 26 日 | | 文化卫生 |
| 136 | 遂宁市观音湖保护条例 | 2019 年 9 月 26 日 | | 环境资源 |
| 137 | 内江市城市市容和环境卫生管理条例 | 2019 年 9 月 26 日 | | 环境资源 |
| 138 | 雅安市村级河(湖)长制条例 | 2019 年 9 月 26 日 | | 环境资源 |

### (三)现行有效的四川民族地方自治条例和单行条例名录

截至2019年9月,四川省7个民族自治地方,现行有效自治条例和单行条例共计89件,其中阿坝州25件、甘孜州18件、凉山州18件、马边县8件、峨边县9件、木里县4件、北川县7件。

| 序号 | 名称 | 性质 | 制定机关及日期 | 批准机关及日期 |
| --- | --- | --- | --- | --- |
| 1 | 阿坝藏族羌族自治州自治条例 | 自治州自治条例 | 1986年5月21日阿坝藏族自治州第五届人民代表大会第四次会议通过;1988年1月5日阿坝藏族羌族自治州第六届人民代表大会第一次会议、2006年1月10日阿坝藏族羌族自治州第九届人民代表大会第四次会议、2014年1月9日阿坝藏族羌族自治州第十一届人民代表大会第三次会议三次修订 | 1986年7月12日四川省第六届人民代表大会常务委员会第二十次会议批准;1988年3月16日四川省第七届人民代表大会常务委员会第二次会议、2006年7月28日四川省第十届人民代表大会常务委员会第二十二次会议、2014年3月20日四川省第十二届人民代表大会常务委员会第八次会议三次批准修订 |
| 2 | 阿坝藏族羌族自治州施行《中华人民共和国婚姻法》的补充规定 | 自治州单行条例 | 1983年3月17日阿坝藏族自治州第四届人民代表大会常务委员会第十二次会议通过;1988年7月8日阿坝藏族羌族 | 1983年7月12日四川省第六届人民代表大会常务委员会第二次会议批准;1988年9月26日四川省第七届人民代表大会常务 |

续表

| 序号 | 名称 | 性质 | 制定机关及日期 | 批准机关及日期 |
| --- | --- | --- | --- | --- |
|  |  |  | 自治州第六届人民代表大会常务委员会第四次会议修正 | 委员会第五次会议批准修正 |
| 3 | 阿坝藏族羌族自治州施行《中华人民共和国继承法》的变通规定 | 自治州单行条例 | 1989 年 3 月 8 日阿坝藏族羌族自治州第六届人民代表大会第二次会议通过 | 1989 年 9 月 20 日四川省第七届人民代表大会常务委员会第十一次会议批准 |
| 4 | 阿坝藏族羌族自治州野生中药材、菌类植物资源保护管理条例 | 自治州单行条例 | 1995 年 4 月 20 日阿坝藏族羌族自治州第七届人民代表大会第三次会议通过 | 1995 年 10 月 19 日四川省第八届人民代表大会常务委员会第十七次会议批准 |
| 5 | 阿坝藏族羌族自治州施行《四川省〈中华人民共和国土地管理法〉实施办法》的变通规定 | 自治州单行条例 | 1990 年 6 月 25 日阿坝藏族羌族自治州第六届人民代表大会常务委员会第十五次会议通过；1996 年 10 月 8 日阿坝藏族羌族自治州第七届人民代表大会常务委员会第二十三次会议修改 | 1990 年 12 月 29 日四川省第七届人民代表大会常务委员会第二十次会议批准；1997 年 2 月 21 日四川省第八届人民代表大会常务委员会第二十五次会议批准修改 |

续表

| 序号 | 名称 | 性质 | 制定机关及日期 | 批准机关及日期 |
|---|---|---|---|---|
| 6 | 阿坝藏族羌族自治州矿产资源管理条例 | 自治州单行条例 | 1996年4月19日阿坝藏族羌族自治州第七届人民代表大会第四次会议通过 | 1998年10月17日四川省第九届人民代表大会常务委员会第五次会议批准 |
| 7 | 阿坝藏族羌族自治州实施《四川省人口与计划生育条例》的变通规定 | 自治州单行条例 | 2004年2月26日阿坝藏族羌族自治州第九届人民代表大会第二次会议通过;2019年1月8日阿坝藏族羌族自治州第十二届人民代表大会第三次会议修正 | 2004年6月3日四川省第十届人民代表大会常务委员会第九次会议批准;2019年5月23日四川省第十三届人民代表大会常务委员会第十一次会议批准修正 |
| 8 | 阿坝藏族羌族自治州水资源管理条例 | 自治州单行条例 | 2007年1月24日阿坝藏族羌族自治州第十届人民代表大会第一次会议通过 | 2007年3月29日四川省第十届人民代表大会常务委员会第二十七次会议批准 |
| 9 | 阿坝藏族羌族自治州实施《四川省世界遗产保护条例》的补充规定 | 自治州单行条例 | 2007年1月24日阿坝藏族羌族自治州第十届人民代表大会第一次会议通过;2019年1月8日阿坝藏族羌族自治州第十二届人民代表大会第三次会议修订 | 2007年7月27日四川省第十届人民代表大会常务委员会第二十九次会议批准;2019年5月23日四川省第十三届人民代表大会常务委员会第十一次会议批准修订 |

续表

| 序号 | 名称 | 性质 | 制定机关及日期 | 批准机关及日期 |
|---|---|---|---|---|
| 10 | 阿坝藏族羌族自治州实施《四川省旅游条例》的变通规定 | 自治州单行条例 | 2008年9月28日阿坝藏族羌族自治州第十届人民代表大会第三次会议通过 | 2008年11月21日四川省第十一届人民代表大会常务委员会第六次会议批准 |
| 11 | 阿坝藏族羌族自治州突发事件应对条例 | 自治州单行条例 | 2009年4月26日阿坝藏族羌族自治州第十届人民代表大会第四次会议通过 | 2009年7月22日四川省第十一届人民代表大会常务委员会第十次会议批准 |
| 12 | 阿坝藏族羌族自治州湿地保护条例 | 自治州单行条例 | 2009年4月26日阿坝藏族羌族自治州第十届人民代表大会第四次会议通过 | 2009年9月25日四川省第十一届人民代表大会常务委员会第十一次会议批准 |
| 13 | 阿坝藏族羌族自治州宗教事务条例 | 自治州单行条例 | 2010年2月8日阿坝藏族羌族自治州第十届人民代表大会第五次会议通过 | 2010年3月31日四川省第十一届人民代表大会常务委员会第十五次会议批准 |
| 14 | 阿坝藏族羌族自治州实施《四川省〈中华人民共和国草原法〉实施办法》的变通规定 | 自治州单行条例 | 2010年2月8日阿坝藏族羌族自治州第十届人民代表大会第五次会议通过 | 2010年5月28日四川省第十一届人民代表大会常务委员会第十六次会议批准 |

续表

| 序号 | 名称 | 性质 | 制定机关及日期 | 批准机关及日期 |
| --- | --- | --- | --- | --- |
| 15 | 阿坝藏族羌族自治州生态环境保护条例 | 自治州单行条例 | 2010年2月8日阿坝藏族羌族自治州第十届人民代表大会第五次会议通过 | 2010年7月24日四川省第十一届人民代表大会常务委员会第十七次会议批准 |
| 16 | 阿坝藏族羌族自治州非物质文化遗产保护条例 | 自治州单行条例 | 2011年1月9日阿坝藏族羌族自治州第十届人民代表大会第六次会议通过 | 2011年5月27日四川省第十一届人民代表大会常务委员会第二十三次会议批准 |
| 17 | 阿坝藏族羌族自治州教育条例 | 自治州单行条例 | 2012年12月28日阿坝藏族羌族自治州第十一届人民代表大会第二次会议通过 | 2013年4月2日四川省第十二届人民代表大会常务委员会第二次会议批准 |
| 18 | 阿坝藏族羌族自治州风景名胜区条例 | 自治州单行条例 | 2014年1月9日阿坝藏族羌族自治州第十一届人民代表大会第三次会议通过 | 2014年3月20日四川省第十二届人民代表大会常务委员会第八次会议批准 |
| 19 | 阿坝藏族羌族自治州野生动物植物保护条例 | 自治州单行条例 | 2014年1月9日阿坝藏族羌族自治州第十一届人民代表大会第三次会议通过 | 2014年11月26日四川省第十二届人民代表大会常务委员会第十三次会议批准 |
| 20 | 阿坝藏族羌族自治州城乡基础设施管理条例 | 自治州单行条例 | 2015年2月16日阿坝藏族羌族自治州第十一届人民代表大会第四次会议通过 | 2015年5月21日四川省第十二届人民代表大会常务委员会第十六次会议批准 |

续表

| 序号 | 名称 | 性质 | 制定机关及日期 | 批准机关及日期 |
|---|---|---|---|---|
| 21 | 阿坝藏族羌族自治州农村扶贫开发条例 | 自治州单行条例 | 2015 年 2 月 16 日阿坝藏族羌族自治州第十一届人民代表大会第四次会议通过 | 2015 年 5 月 21 日四川省第十二届人民代表大会常务委员会第十六次会议批准 |
| 22 | 阿坝藏族羌族自治州实施《四川省城乡规划条例》的补充规定 | 自治州单行条例 | 2016 年 1 月 26 日阿坝藏族羌族自治州第十一届人民代表大会第五次会议通过 | 2016 年 6 月 1 日四川省第十二届人民代表大会常务委员会第二十五次会议批准 |
| 23 | 阿坝藏族羌族自治州藏语言文字条例 | 自治州单行条例 | 2017 年 12 月 29 日阿坝藏族羌族自治州第十二届人民代表大会第二次会议通过 | 2018 年 7 月 26 日四川省第十三届人民代表大会常务委员会第五次会议批准 |
| 24 | 阿坝藏族羌族自治州实施《四川省城乡环境综合治理条例》的补充规定 | 自治州单行条例 | 2017 年 12 月 29 日阿坝藏族羌族自治州第十二届人民代表大会第二次会议通过 | 2018 年 7 月 26 日四川省第十三届人民代表大会常务委员会第五次会议批准 |
| 25 | 阿坝藏族羌族自治州民族团结进步条例 | 自治州单行条例 | 2019 年 1 月 8 日阿坝藏族羌族自治州第十二届人民代表大会第三次会议通过 | 2019 年 5 月 23 日四川省第十三届人民代表大会常务委员会第十一次会议批准 |

续表

| 序号 | 名称 | 性质 | 制定机关及日期 | 批准机关及日期 |
| --- | --- | --- | --- | --- |
| 26 | 甘孜藏族自治州自治条例 | 自治州自治条例 | 1986年6月4日甘孜藏族自治州第五届人民代表大会第三次会议通过;2005年3月31日甘孜藏族自治州第九届人民代表大会第二次会议修正 | 1986年7月12日四川省第六届人民代表大会常务委员会第二十次会议批准;2006年3月31日四川省第十届人民代表大会常务委员会第二十次会议批准修正 |
| 27 | 甘孜藏族自治州施行《中华人民共和国婚姻法》的补充规定 | 自治州单行条例 | 1981年11月19日甘孜藏族自治州第四届人民代表大会常务委员会第六次会议通过 | 1981年12月26日四川省第五届人民代表大会常务委员会第十三次会议批准 |
| 28 | 甘孜藏族自治州施行《四川省土地管理实施办法》的变通规定 | 自治州单行条例 | 1990年12月21日甘孜藏族自治州第六届人民代表大会常务委员会第十次会议通过 | 1991年5月28日四川省第七届人民代表大会常务委员会第二十三次会议批准 |
| 29 | 甘孜藏族自治州矿产资源管理条例 | 自治州单行条例 | 1995年4月9日甘孜藏族自治州第七届人民代表大会第二次会议通过;1999年3月17日甘孜藏族自治州第八届人民代表大会第一次会议修正 | 1995年10月19日四川省第八届人民代表大会常务委员会第十七次会议批准;1999年6月1日四川省第九届人民代表大会常务委员会第九次会议批准修正 |

续表

| 序号 | 名称 | 性质 | 制定机关及日期 | 批准机关及日期 |
|---|---|---|---|---|
| 30 | 甘孜藏族自治州实施《四川省人口与计划生育条例》的变通规定 | 自治州单行条例 | 2004年3月24日甘孜藏族自治州第九届人民代表大会第一次会议通过;2018年1月7日甘孜藏族自治州第十二届人民代表大会第二次会议修正 | 2004年6月3日四川省第十届人民代表大会常务委员会第九次会议批准;2018年7月26日四川省第十三届人民代表大会常务委员会第五次会议批准修正 |
| 31 | 甘孜藏族自治州实施《四川省〈中华人民共和国水法〉实施办法》的变通规定 | 自治州单行条例 | 2009年4月13日甘孜藏族自治州第十届人民代表大会第二次会议通过 | 2009年5月27日四川省第十一届人民代表大会常务委员会第九次会议批准 |
| 32 | 甘孜藏族自治州实施《四川省旅游条例》的变通规定 | 自治州单行条例 | 2011年1月13日甘孜藏族自治州第十届人民代表大会第四次会议通过 | 2011年3月25日四川省第十一届人民代表大会常务委员会第二十二次会议批准 |
| 33 | 甘孜藏族自治州藏传佛教事务条例 | 自治州单行条例 | 2011年1月13日甘孜藏族自治州第十届人民代表大会第四次会议通过 | 2011年9月29日四川省第十一届人民代表大会常务委员会第二十五次会议批准 |
| 34 | 甘孜藏族自治州义务教育条例 | 自治州单行条例 | 2012年1月4日甘孜藏族自治州第十一届人民代表大会第一次会议通过 | 2012年3月29日四川省第十一届人民代表大会常务委员会第二十九次会议批准 |

续表

| 序号 | 名称 | 性质 | 制定机关及日期 | 批准机关及日期 |
|---|---|---|---|---|
| 35 | 甘孜藏族自治州非物质文化遗产条例 | 自治州单行条例 | 2013年1月8日甘孜藏族自治州第十一届人民代表大会第二次会议通过 | 2013年5月30日四川省第十二届人民代表大会常务委员会第三次会议批准 |
| 36 | 甘孜藏族自治州突发事件应对条例 | 自治州单行条例 | 2014年2月27日甘孜藏族自治州第十一届人民代表大会第三次会议通过 | 2014年5月29日四川省第十二届人民代表大会常务委员会第九次会议批准 |
| 37 | 甘孜藏族自治州藏族语言文字条例 | 自治州单行条例 | 2015年1月25日甘孜藏族自治州第十一届人民代表大会第四次会议通过 | 2015年4月1日四川省第十二届人民代表大会常务委员会第十五次会议批准 |
| 38 | 甘孜藏族自治州草原管理条例 | 自治州单行条例 | 2010年1月18日甘孜藏族自治州第十届人民代表大会第三次会议通过;2016年1月15日甘孜藏族自治州第十一届人民代表大会第五次会议修正 | 2010年3月31日四川省第十一届人民代表大会常务委员会第十五次会议批准;2016年3月29日四川省第十二届人民代表大会常务委员会第二十四次会议批准修正 |
| 39 | 甘孜藏族自治州气象条例 | 自治州单行条例 | 2016年1月15日甘孜藏族自治州第十一届人民代表大会第五次会议通过 | 2016年3月29日四川省第十二届人民代表大会常务委员会第二十四次会议批准 |

续表

| 序号 | 名称 | 性质 | 制定机关及日期 | 批准机关及日期 |
|---|---|---|---|---|
| 40 | 甘孜藏族自治州民族团结进步条例 | 自治州单行条例 | 2016年1月15日甘孜藏族自治州第十一届人民代表大会第五次会议通过 | 2016年6月1日四川省第十二届人民代表大会常务委员会第二十五次会议批准 |
| 41 | 甘孜藏族自治州集体人工商品林管理条例 | 自治州单行条例 | 2016年1月15日甘孜藏族自治州第十一届人民代表大会第五次会议通过 | 2016年9月28日四川省第十二届人民代表大会常务委员会第二十八次会议批准 |
| 42 | 甘孜藏族自治州实施《四川省城乡环境综合治理条例》的补充规定 | 自治州单行条例 | 2016年1月15日甘孜藏族自治州第十一届人民代表大会第五次会议通过 | 2016年9月28日四川省第十二届人民代表大会常务委员会第二十八次会议批准 |
| 43 | 甘孜藏族自治州生态环境保护条例 | 自治州单行条例 | | |
| 44 | 甘孜藏族自治州防震减灾条例 | 自治州单行条例 | 2019年1月10日甘孜藏族自治州第十二届人民代表大会第三次会议通过 | 2019年5月23日四川省第十三届人民代表大会常务委员会第十一次会议批准 |
| 45 | 凉山彝族自治州施行《中华人民共和国婚姻法》的规定 | 自治州单行条例 | 1982年11月17日凉山彝族自治州第四届人民代表大会常务委员会第八次会议通过 | 1983年2月26日四川省第五届人民代表大会常务委员会第十九次会议批准 |

续表

| 序号 | 名称 | 性质 | 制定机关及日期 | 批准机关及日期 |
|---|---|---|---|---|
| 46 | 凉山彝族自治州自治条例 | 自治州自治条例 | 1987年4月16日凉山彝族自治州第五届人民代表大会第二次会议通过;2007年1月13日凉山彝族自治州第九届人民代表大会第一次会议修订 | 1987年7月2日四川省第六届人民代表大会常务委员会第二十六次会议批准;2007年5月31日四川省第十届人民代表大会常务委员会第二十八次会议批准修订 |
| 47 | 凉山彝族自治州义务教育实施办法 | 自治州单行条例 | 1988年9月23日凉山彝族自治州第五届人民代表大会常务委员会第十四次会议通过;2010年2月8日凉山彝族自治州第九届人民代表大会第5次会议修订 | 1990年4月28日四川省第七届人民代表大会常务委员会第十六次会议批准;2010年7月24日四川省第十一届人民代表大会常务委员会第十七次会议批准修订 |
| 48 | 凉山彝族自治州实施《四川省人口与计划生育条例》的补充规定 | 自治州单行条例 | 2003年3月26日凉山彝族自治州第八届人民代表大会第四次会议通过 | 2003年5月28日四川省第十届人民代表大会常务委员会第三次会议批准 |
| 49 | 凉山彝族自治州彝族语言文字工作条例 | 自治州单行条例 | 1992年4月29日凉山彝族自治州第六届人民代表大会第二次会议通过;2009年3月21日凉山彝族自治州第九届人民代表大会第四次会议修订 | 1992年9月26日四川省第七届人民代表大会常务委员会第三十一次会议批准;2009年5月27日四川省第十一届人民代表大会常务委员会第九次会议批准修订 |

续表

| 序号 | 名称 | 性质 | 制定机关及日期 | 批准机关及日期 |
| --- | --- | --- | --- | --- |
| 50 | 凉山彝族自治州矿产资源管理条例 | 自治州单行条例 | 1993年5月18日凉山彝族自治州第六届人民代表大会第四次会议批准；2000年3月30日凉山彝族自治州第七届人民代表大会第六次会议通过修正；2005年2月26日凉山彝族自治州第八届人民代表大会第六次会议批准修正 | 1993年10月28日四川省第八届人民代表大会常务委员会第五次会议批准；2000年7月15日四川省第九届人民代表大会常务委员会第十七次会议批准第一次修正；2005年5月26日四川省第十届人民代表大会常务委员会第十五次会议批准第二次修正 |
| 51 | 凉山彝族自治州施行《四川省土地管理办法》的变通规定 | 自治州单行条例 | 1993年7月9日凉山彝族自治州第六届人民代表大会常务委员会第十五次会议通过 | 1993年12月15日四川省第八届人民代表大会常务委员会第六次会议批准 |
| 52 | 凉山彝族自治州实施《四川省〈中华人民共和国动物防疫法〉实施办法》的补充规定 | 自治州单行条例 | 2003年3月26日凉山彝族自治州第八届人民代表大会第四次会议通过 | 2003年5月28日四川省第十届人民代表大会常务委员会第三次会议批准 |
| 53 | 凉山彝族自治州东西河飞机播种林区保护管理条例 | 自治州单行条例 | 1995年5月2日凉山彝族自治州第六届人民代表大会第六次会议通过 | 1995年8月17日四川省第八届人民代表大会常务委员会第十六次会议批准 |

续表

| 序号 | 名称 | 性质 | 制定机关及日期 | 批准机关及日期 |
| --- | --- | --- | --- | --- |
| 54 | 凉山彝族自治州邛海保护条例 | 自治州单行条例 | 1997年3月26日凉山彝族自治州第七届人民代表大会第二次会议通过;2015年2月13日凉山彝族自治州第十届人民代表大会第五次会议通过修订 | 1997年6月16日四川省第八届人民代表大会常务委员会第二十七次会议批准;2015年7月22日四川省十二届人民代表大会常务委员会第十七次会议批准修订 |
| 55 | 凉山彝族自治州渔业管理条例 | 自治州单行条例 | 1999年3月4日凉山彝族自治州第七届人民代表大会第四次会议通过;2005年2月26日凉山彝族自治州第八届人民代表大会第六次会议通过修正 | 1999年8月14日四川省第九届人民代表大会常务委员会第十次会议批准;2005年5月26日四川省第十届人民代表大会常务委员会第十五次会议批准修正 |
| 56 | 凉山彝族自治州大桥水库工程管理条例 | 自治州单行条例 | 2000年3月30日凉山彝族自治州第七届人民代表大会第六次会议通过;2011年1月30日凉山彝族自治州第九届人民代表大会第六次会议修订 | 2000年5月9日四川省第九届人民代表大会常务委员会第十六次会议批准;2011年3月25日四川省第十一届人民代表大会常务委员会第二十二次会议批准修订 |
| 57 | 凉山彝族自治州泸沽湖风景名胜区保护条例 | 自治州单行条例 | 2004年2月28日凉山彝族自治州第八届人民代表大会第五次会议通过 | 2004年7月30日四川省第十届人民代表大会常务委员会第十次会议批准 |

续表

| 序号 | 名称 | 性质 | 制定机关及日期 | 批准机关及日期 |
|---|---|---|---|---|
| 58 | 凉山彝族自治州水资源管理条例 | 自治州单行条例 | 2008年2月18日凉山彝族自治州第九届人民代表大会第三次会议通过 | 2008年5月21日四川省第十届人民代表大会常务委员会第三次会议批准 |
| 59 | 凉山彝族自治州非物质文化遗产保护条例 | 自治州单行条例 | 2010年2月8日凉山彝族自治州第九届人民代表大会第五次会议通过 | 2010年5月28日四川省第十一届人民代表大会常务委员会第十六次会议批准 |
| 60 | 凉山彝族自治州会理历史文化名城保护条例 | 自治州单行条例 | 2012年2月15日凉山彝族自治州第十届人民代表大会常务委员会第一次会议通过 | 2012年5月31日四川省第十一届人民代表大会常务委员会第三十次会议批准 |
| 61 | 凉山彝族自治州施行《兽药管理条例》的变通规定 | 自治州单行条例 | 2012年2月15日凉山彝族自治州第十届人民代表大会第一次会议通过 | 2012年5月31日四川省第十一届人民代表大会常务委员会第三十次会议批准 |
| 62 | 凉山彝族自治州立法条例 | | | |
| 63 | 凉山彝族自治州禁毒条例 | 自治州单行条例 | 2019年1月31日凉山彝族自治州第十一届人民代表大会第四次会议通过 | 2019年5月23日四川省第十三届人民代表大会常务委员会第十一次会议批准 |

续表

| 序号 | 名称 | 性质 | 制定机关及日期 | 批准机关及日期 |
|---|---|---|---|---|
| 64 | 马边彝族自治县自治条例 | 自治县自治条例 | 1990年3月14日马边彝族自治县第三届人民代表大会第一次会议通过;2003年1月10日马边彝族自治县第六届人民代表大会第一次会议通过修正 | 1990年9月5日四川省第七届人民代表大会常务委员会第十八次会议批准;2003年9月25日四川省第十届人民代表大会常务委员会第五次会议批准修正 |
| 65 | 马边彝族自治县施行《中华人民共和国婚姻法》的补充规定 | 自治县单行条例 | 1991年11月27日马边彝族自治县第三届人民代表大会常务委员会第十三次会议通过 | 1992年9月26日四川省第七届人民代表大会常务委员会第三十一次会议批准 |
| 66 | 马边彝族自治县彝族语言文字条例 | 自治县单行条例 | 1994年1月31日马边彝族自治县第四届人民代表大会常务委员会第二次会议通过 | 1994年12月3日四川省第八届人民代表大会常务委员会第十二次会议批准 |
| 67 | 马边彝族自治县施行《中华人民共和国继承法》的补充规定 | 自治县单行条例 | 1995年3月9日四川省马边彝族自治县第四届人民代表大会第三次会议通过 | 1995年6月20日四川省第八届人民代表大会常务委员会第十五次会议批准 |

续表

| 序号 | 名称 | 性质 | 制定机关及日期 | 批准机关及日期 |
|---|---|---|---|---|
| 68 | 马边彝族自治县施行《四川省〈中华人民共和国土地管理法〉实施办法》的变通规定 | 自治县单行条例 | 1995年12月8日四川省马边彝族自治县第四届人民代表大会常务委员会第十九次会议通过 | 1996年6月18日四川省第八届人民代表大会常务委员会第二十一次会议批准 |
| 69 | 马边彝族自治县矿产资源管理条例 | 自治县单行条例 | 1997年1月17日马边彝族自治县第四届人民代表大会第六次会议通过 | 1998年10月17日四川省第九届人民代表大会常务委员会第五次会议批准 |
| 70 | 马边彝族自治县实施《四川省人口与计划生育条例》的变通规定 | 自治县单行条例 | 2004年1月9日马边彝族自治县第六届人民代表大会第二次会议通过 | 2004年6月3日四川省第十届人民代表大会常务委员会第九次会议批准，2018年5月四川省第十三届人民代表大会常务委员会第四次会议批准修改 |
| 71 | 马边彝族自治县水资源管理条例 | 自治县单行条例 | 2005年1月18日马边彝族自治县第六届人民代表大会第三次会议通过 | 2005年5月26日四川省第十届人民代表大会常务委员会第十五次会议批准 |
| 72 | 峨边彝族自治县自治条例 | 自治县自治条例 | 1988年6月峨边彝族自治县第二届人民代表第三次会议通过 | 1988年9月四川省第七届人大常委会第五次会议批准 |

续表

| 序号 | 名称 | 性质 | 制定机关及日期 | 批准机关及日期 |
|---|---|---|---|---|
| 73 | 峨边彝族自治县施行《中华人民共和国婚姻法》补充条例 | 自治县单行条例 | 1989 年 3 月峨边彝族自治县第二届人民代表大会第四次会议通过 | 1989 年 5 月四川省第七届人大常委会第九次会议批准 |
| 74 | 峨边彝族自治县施行《中华人民共和国继承法》的补充规定 | 自治县单行条例 | 1991 年 3 月 19 日峨边彝族自治县第三届人民代表大会第二次会议通过 | 1989 年 9 月四川省第七届人大常委会第十一次会议批准 |
| 75 | 峨边彝族自治县施行《四川省土地管理实施办法》的补充规定 | 自治县单行条例 | 1991 年 7 月 23 日峨边彝族自治县第三届人民代表大会第十次会议通过 | 1991 年 5 月 28 日四川省第七届人大常委会第二十三次会议批准 |
| 76 | 峨边彝族自治县彝族语言文字条例 | 自治县单行条例 | 2015 年 2 月 12 日峨边彝族自治县第八届人民代表大会第六次会议通过 | 2015 年 7 月 22 日四川省第十二届人大常委会第十七次会议批准 |
| 77 | 峨边彝族自治县矿产资源管理条例 | 自治县单行条例 | 1993 年 3 月 12 日峨边彝族自治县第五届人民代表大会第二次会议通过 | 1999 年 6 月 1 日四川省第九届人大常委会第九次会议批准 |

续表

| 序号 | 名称 | 性质 | 制定机关及日期 | 批准机关及日期 |
| --- | --- | --- | --- | --- |
| 78 | 峨边彝族自治县水资源管理条例 | 自治县单行条例 | 1999年12月峨边彝族自治县第五届人民代表大会第二次会议通过 | 2009年3月27日四川省第十一届人大常委会第八次会议批准 |
| 79 | 峨边彝族自治县黑竹沟风景区保护条例 | 自治县单行条例 | 2002年1月6日峨边彝族自治县第五届人民代表大会第五次会议通过 | 2002年11月30日四川省第九届人大常委会第三十二次会议批准 |
| 80 | 峨边彝族自治县实施《四川省人口与计划生育条例》的变通规定 | 自治县单行条例 | 2004年2月14日峨边彝族自治县第六届人民代表大会第二次会议通过;2018年2月9日,峨边彝族自治县第九届人民代表大会第三次会议修正 | 2004年6月3日四川省第十届人大常委会第九次会议批准,2018年5月31日四川省第十三届人民代表大会常务委员会第四次会议批准修正 |
| 81 | 木里藏族自治县自治条例 | 自治县自治条例 | 1990年3月18日木里藏族自治县第七届人民代表大会第一次会议通过;2006年3月11日木里藏族自治县第十届人民代表大会第四次会议通过修订 | 1992年3月13日四川省第七届人民代表大会常务委员会第二十八次会议批准，2006年5月26日四川省第十届人民代表大会常务委员会第二十一次会议批准修订 |
| 82 | 木里藏族自治县矿产资源管理条例 | 自治县单行条例 | 1996年2月6日木里藏族自治县第八届人民代表大会第四次会议通过 | 1998年10月17日四川省第九届人民代表大会常务委员会第五次会议批准 |

续表

| 序号 | 名称 | 性质 | 制定机关及日期 | 批准机关及日期 |
|---|---|---|---|---|
| 83 | 木里藏族自治县实施《四川省〈中华人民共和国野生动物保护法〉实施办法》的补充规定 | 自治县单行条例 | 2003年1月25日木里藏族自治县第十届人民代表大会第一次会议通过 | 2003年3月27日四川省第十届人民代表大会常务委员会第二次会议批准 |
| 84 | 木里藏族自治县实施《四川省〈中华人民共和国草原法〉实施办法》的变通规定 | 自治县单行条例 | 2009年3月12日木里藏族自治县第十一届人民代表大会第三次会议通过 | 2009年7月22日四川省第十一届人民代表大会常务委员会第十次会议批准 |
| 85 | 北川羌族自治县自治条例 | 自治县自治条例 | 2006年2月18日,北川羌族自治县第一届人民代表大会第五次会议通过;2015年2月6日,北川羌族自治县第三届人民代表大会第四次会议修订 | 2006年7月28日,四川省第十届人民代表大会常务委员会第二十二次会议批准;2015年4月1日,四川省第十二届人民代表大会常务委员会第十五次会议批准 |
| 86 | 北川羌族自治县非物质文化遗产保护条例 | 自治县单行条例 | 2008年1月11日北川羌族自治县第二届人民代表大会常务委员会第二次会议批准 | 2008年5月21日,四川省第十一届人民代表大会常务委员会第二次会议批准 |

续表

| 序号 | 名称 | 性质 | 制定机关及日期 | 批准机关及日期 |
|---|---|---|---|---|
| 87 | 北川羌族自治县实施《四川省人口与计划生育条例》的变通规定 | 自治县单行条例 | 2010年2月10日北川羌族自治县第二届人民代表大会第四次会议通过 | 2010年7月24日四川省第十一届人民代表大会常务委员会第十七次会议批准 |
| 88 | 北川羌族自治县城市管理综合行政执法条例 | 自治县单行条例 | 2014年2月12日北川羌族自治县第三届人民代表大会第三次会议通过 | 2014年7月30日四川省第十二届人民代表大会常务委员会第十二次会议批准 |
| 89 | 北川羌族自治县矿产资源管理条例 | 自治县单行条例 | 2014年2月12日北川羌族自治县第三届人民代表大会第三次会议通过 | 2014年7月30日四川省第十二届人民代表大会常务委员会第十二次会议批准 |
| 90 | 北川羌族自治县旅游促进条例 | 自治县单行条例 | 2016年1月21日北川羌族自治县第三届人民代表大会第五次会议通过 | 2016年7月23日四川省第十二届人民代表大会常务委员会第二十七次会议批准 |
| 91 | 北川羌族自治县立法条例 | 自治县单行条例 | 2018年1月17日北川羌族自治县第四届人民代表大会第三次会议通过 | 2018年3月29日四川省第十三届人民代表大会常务委员会第三次会议通过 |

**图书在版编目(CIP)数据**

治蜀兴川法治建设七十年 / 中共四川省委全面依法治省委员会编. -- 北京 : 法律出版社, 2019

ISBN 978-7-5197-4096-2

Ⅰ. ①治… Ⅱ. ①中… Ⅲ. ①社会主义法治－建设－研究－四川 Ⅳ. ①D927.71

中国版本图书馆 CIP 数据核字(2019)第 254128 号

**治蜀兴川法治建设七十年**
**ZHI SHU XING CHUAN FAZHI JIANSHE QISHI NIAN**

中共四川省委全面依法治省委员会 编

策划编辑 郑 导
责任编辑 郑 导
装帧设计 汪奇峰

**出版** 法律出版社
**总发行** 中国法律图书有限公司
**经销** 新华书店
**印刷** 天津嘉恒印务有限公司
**责任校对** 郭艳萍
**责任印制** 张建伟

**编辑统筹** 独立项目策划部
**开本** 787 毫米×1092 毫米 1/16
**印张** 19
**字数** 187 千
**版本** 2019 年 11 月第 1 版
**印次** 2019 年 11 月第 1 次印刷

法律出版社/北京市丰台区莲花池西里 7 号(100073)
网址/www. lawpress. com. cn
投稿邮箱/info@ lawpress. com. cn
举报维权邮箱/jbwq@ lawpress. com. cn
销售热线/400-660-8393
咨询电话/010-63939796

中国法律图书有限公司/北京市丰台区莲花池西里 7 号(100073)
全国各地中法图分、子公司销售电话:
统一销售客服/400-660-8393/6393
第一法律书店/010-83938432/8433 西安分公司/029-85330678 重庆分公司/023-67453036
上海分公司/021-62071639/1636 深圳分公司/0755-83072995

**书号:**ISBN 978-7-5197-4096-2 **定价:**208.00 元
(如有缺页或倒装,中国法律图书有限公司负责退换)